✾│FISCHER

Joachim Gerhard
mit Denise Linke

ICH HOLE EUCH ZURÜCK

Ein Vater sucht in der IS-Hölle
nach seinen Söhnen

FISCHER

Zum Schutze der Beteiligten wurden Personen, Orte und Ereignisse zum Teil verfremdet.

Originalausgabe

Erschienen bei FISCHER Taschenbuch
Frankfurt am Main, Oktober 2016

© 2016 S. Fischer Verlag GmbH,
Hedderichstr. 114, D-60596 Frankfurt am Main

Satz: Pinkuin Satz und Datentechnik, Berlin
Druck und Bindung: CPI books GmbH, Leck
Printed in Germany
ISBN 978-3-596-29614-9

Für meine Söhne

INHALT

1. ALS MEINE SÖHNE VERSCHWANDEN

Die Sonne hat ihren Zenit kaum überschritten, als sich die schwere Hotelzimmertür für mich öffnet. Mit einem leisen Klack gleitet sie aus dem Schloss, schrappt über den beigegrün gemusterten Teppich.

»Herr Gerhard«, sagt eine scheinbar körperlose Stimme mit arabischem Akzent, »treten Sie ein.« Für den Bruchteil einer Sekunde frage ich mich, ob es klug ist, einen fremden jordanischen Geheimdienstmitarbeiter in einem Hotelzimmer in Frankfurt zu treffen. Ich überlege, wer so etwas tun würde, und außer James Bond und Jason Stratham will mir einfach niemand einfallen. Ich bin aber weder Bond noch Stratham. Ich bin Joachim Gerhard, bis dato ein völlig unauffälliger und unbescholtener deutscher Staatsbürger.

Meine Söhne zogen vor einem Dreivierteljahr los, um in Syrien ihre Glaubensbrüder im Kampf für den »Islamischen Staat« zu unterstützen. Seitdem hat sich mein Leben auf eine Art gewandelt, die ich nie für möglich gehalten hätte. Mit dem Geheimdienst in Hotelzimmern zu sitzen, mit Schleusern Kaffee zu trinken, mit türkischen Polizisten an der syrischen Grenze zu verhandeln – all diese Unternehmungen standen nicht nur sprichwörtlich weit unten auf der Liste meiner Vorhaben, sie standen gar nicht drauf. Mit so etwas rechnet man nicht. Ich habe mein Leben lang gearbeitet, mir ein kleines, erfolgreiches Unternehmen aufgebaut, geheiratet, Kinder großgezogen. Die Kinder, die mir nun auf so furchtbare Art abhandengekommen sind. Doch ich kann und will mich damit nicht abfinden. Ich werde mich weder von meinen Söhnen lossagen, noch in eine Ecke verkriechen und still vor mich hin leiden. Das ist so überhaupt nicht mein Ding. Meine Jungs sind gute Jungs. Ich will nichts entschuldigen oder verharmlosen, und sie werden für alles geradestehen, aber erst müssen sie wieder hier sein, bei mir, zu Hause, und ich soll verflucht sein, wenn ich nicht alles tue, um meine Söhne zurückzuholen.

Bislang war ich nicht erfolgreich. Dieses Treffen hier in dem Hotel ist wieder einmal mit der Hoffnung verbunden, meinen Kindern einen Schritt näher zu kommen.

Entschlossen reiche ich dem Jordanier, der freundlich lächelnd auf mich zukommt, meine etwas schwitzige Hand. Kräftige Finger umschließen sie und drücken fest zu.

»Es freut mich, Sie kennenzulernen«, sagt er strahlend und entblößt dabei zwei Reihen makellos weißer Zähne. Er spricht jetzt Arabisch, und natürlich verstehe ich kein Wort, ich spreche ja noch nicht einmal richtig Englisch. Mehmet, der mich wie bei allen meinen Reisen und Begegnungen begleitet und inzwischen ein unverzichtbarer Freund geworden ist, übersetzt schnell.

»Ich hoffe, dass Sie mir helfen können«, sage ich etwas unbeholfen, aber bestimmt. Der Jordanier ist ein Bekannter des Chefs von Mehmet, den ich seit Jahren kenne. Schon kurz nach der Abreise meiner Kinder vertraute ich ihm an, was passiert war. Der Kontakt zum Jordanier ist ein Gefallen, um den ich nie bitten würde, für den ich aber umso dankbarer bin. Ein Geheimdienst wird meine Kinder ja wohl ausfindig machen können, Krieg hin oder her.

»Das hoffe ich auch, Herr Gerhard«, übersetzt Mehmet. Gemeinsam sehen wir zu Said, so stellt sich der Geheimdienstmitarbeiter vor, auf. Er ist wirklich unglaublich groß, so wie sie in Hollywoodfilmen auch immer sind, lächelt mild und deutet auf einen gepolsterten Sessel.

»Nehmen Sie Platz. Möchten Sie einen Tee?« Ich nicke und setze mich, stütze die Ellenbogen auf die Knie und verschränke meine Finger ineinander. Dampfender Tee in einer Tasse aus weißem Porzellan verströmt einen vertrauten Geruch. So riecht es auch immer, wenn ich im Teehaus sitze, in der Türkei, in Gaziantep. Und warte, sehnsüchtig warte, dass meine Söhne über die Grenze zu Syrien spazieren und direkt in meine offenen Arme laufen, so als hätten wir uns gestern und nicht vor einem halben Jahr das letzte Mal gesehen.

Wütend schlucke ich die Trauer und Verzweiflung

hinunter, zumindest versuche ich es. In letzter Zeit gelingt mir das nicht immer.

Said beginnt sofort, recht aufgebracht zu sprechen. Ich werfe Mehmet fragende Blicke zu, doch der nickt nur und sieht besorgt zur Tür.

»Was?«, frage ich nervös. Mittlerweile schaue auch ich immer wieder in Richtung Tür, obwohl ich überhaupt nicht begreife, warum. Mehmet bedeutet mir mit der flachen Hand, noch kurz zu warten. Als Saids Redefluss endet, übersetzt Mehmet nahezu hektisch, was ihm berichtet wurde.

»Der Verfassungsschutz war hier.« Sofort falle ich ihm ins Wort.

»Im Hotel?«

»Warte, ich erzähl es dir ja. Der Verfassungsschutz war hier, im Hotel. Mit zehn oder fünfzehn Leuten. Sie haben gefragt, wie oft ihr euch trefft.«

»Der Verfassungsschutz hat …«

Mehmet unterbricht meine Unterbrechung.

»Achim, Mensch, nun hör doch zu. Said weiß nicht, woher die die Informationen haben, dass du dich hier mit ihm treffen willst. Die sind zur Rezeption und haben ihre Ausweise vorgezeigt und verlangt, dass man ihnen erzählt, wie oft ihr euch trefft. Natürlich haben die Angestellten gesagt, dass sie darüber keine Auskunft geben können.«

»Das will ich auch meinen«, murmele ich und hebe sofort entschuldigend die Hände. »Erzähl weiter.«

»Also. Die an der Lobby haben nur gesagt, dass Said schon hier ist, und dass du noch nicht angereist bist, und dass es nicht Sache des Hotels ist, zu wissen oder darüber zu sprechen, ob ihr euch überhaupt kennt und wie oft ihr hier seid. Die haben gesagt, ihr seid beide sehr gute Kunden und waren wohl auch ein wenig echauffiert, dass man so etwas überhaupt zu fragen wagt. Auf jeden Fall hat dann eine an der Rezeption Said angerufen und ihm erzählt, was gerade passiert.«

»Und er ist dann runter?«, frage ich feixend.

»Natürlich ist er runter«, sprudelt es aus Mehmet heraus, »und dann hat er ihnen den Marsch geblasen. Was ihnen einfiele. Und was sie für ein Verfassungsschutz seien, der so schlampig arbeitet.« Man sollte meinen, dass ein Verfassungsschutz in der Lage ist herauszufinden, ob sich zwei Menschen kennen und wie oft sie sich schon getroffen haben. Telefonisch stehen der Jordanier und ich schon seit Wochen in Kontakt. In Telefonkonferenzen mit Mehmet umrissen wir grob, worum es geht, wer ich bin und wer meine Kinder sind. Der jordanische Geheimdienst weiß vermutlich mittlerweile mehr über mich als mein eigener. Ich lache herzhaft.

»Und dann?«, frage ich, als ich wieder Luft bekomme.

»Dann sind sie wieder gegangen.« Mehmet schnalzt mit der Zunge. »Aber Said wollte, dass du weißt, dass die dich auf dem Kieker haben.«

»Das ist keine große Überraschung«, ich schmunzle. Früher hat sich kaum jemand dafür interessiert, mit wem ich meine Nachmittage verbringe, heute setzen sie eine ganze Polizeistaffel auf mich an. Vielleicht bin ich ja schon ein bisschen wie James Bond, denke ich und atme tief ein.

Doch mit einer Frage kippt meine Stimmung so schnell, dass man es mit einem einfachen Augenblinzeln verpasst hätte. »Said möchte, dass du ihm genau erzählst, was mit deinen Söhnen passiert ist«, sagt Mehmet. Ich nicke. Danach starre ich noch ein wenig auf den Boden, den Teppich und das Muster, ohne es zu sehen. Meine Augen sind dieser Tage wie eine Milchglasscheibe, durch die kaum etwas dringt. Nur das blinkende Display meines Smartphones zerbricht den nebligen Schleier immer wieder, weil trotz allem die Hoffnung, dass es Lukas oder Jonas sind, die dort leuchten, nicht sterben will.

Ich ziehe Fotos aus meiner Jackentasche.

»Das ist Jonas«, sage ich und zeige auf sein fröhliches Gesicht, »und das ist mein Jüngster, Lukas.« Ich schlucke, und das Papier tanzt zwischen meinen Fingern. Sie müssen sich beide wirklich nicht verstecken. Jonas mit seinem markanten Gesicht, den frechen blonden Haaren, die so oft über die himmelblauen Augen fallen. Die hat er von mir. Die breiten, verschmitzten Lippen hingegen von seiner Mutter. Lukas hat dunklere Haare, dunklere Augen, vollere Wangen. Die Lippen sind schmaler, wie meine. Und der Kinnbart lässt ihn immer ein kleines bisschen älter aussehen als seinen großen Bruder.

»Er sagt, sie sehen aus wie gute Jungs«, wenn Mehmet übersetzt, fühlt es sich immer so an, als würde ich einen Film mit Untertiteln gucken. Die fragenden Gesichter, die Sorgen, das Mitleid sind schwer zu deuten, wenn man die begleitenden Worte erst etwas zeitversetzt versteht. Said schaut mich kurz an und redet dann weiter. Der Singsang, den er über den Couchtisch in meine Richtung spricht, fühlt sich weit weg an, so weit wie meine Kinder. Seit sie knapp viertausend Kilometer von mir entfernt sind, ist nichts mehr nah.

»Er möchte wissen, wie und wann sie verschwunden sind«, höre ich Mehmets sanfte Stimme.

»Natürlich«, erwidere ich noch, bevor das Hotelzimmer vor meinen Augen verschwimmt und mein Büro an seiner statt derart real und präsent wird, dass ich meine, den Kalender an der Wand berühren zu können. Das kleine, rote Plastikschiebeding sagt, dass Sonntag ist. Sonntag, der 2. November 2014.

»Ich arbeite oft am Wochenende«, sage ich erklärend. »Dann klingelte das Telefon, Ursula war dran. Ursula ist meine Frau, aber wir leben schon lange voneinander getrennt. Sie ist die Mutter der beiden. Wir haben ein recht gutes Verhältnis, auch nachdem die Beziehung in die Brüche ging. Das war uns immer wichtig. Dass wir eine Familie bleiben.« Said nickt konzentriert.

»Was hat Ursula am Telefon gesagt, Achim?«, fragt Mehmet.

»Sie hat gesagt, dass Luke und Jo weg sind. Dass sie nach Syrien gegangen sind und nicht wiederkommen. Ich habe das natürlich für ausgemachten Unsinn gehalten. Sie hatten sich doch mein Auto ausgeliehen, um zu Freunden nach Wien zu fahren. Und trotzdem habe ich angerufen. Irgendwie war ein Teil von mir beunruhigt, obwohl ich das alles nicht glauben konnte. Man denkt sich so etwas doch auch nicht aus, ging mir durch den Kopf, aber gleichzeitig war es eine so extrem absurde Vorstellung. Ich wählte Lukas' Nummer, aber Jonas ging ran. Ich fragte, was es mit irgendwelchen Abschiedsbriefen, die meine Frau erwähnte, und Syrien auf sich habe. Und er sagte, dass Lukas gerade in der Tankstelle bezahle, dass sie Dienstag wieder da wären und dann alles erklären würden. Das hat mich im ersten Moment enorm beruhigt. Die Zweifel, ob es doch wahr sein könnte, waren mit einem Schlag verflogen. Wenn man eine schlechte Nachricht bekommt, eine Information, die so unfassbar ist, dann kann schon so etwas Einfaches wie eine Stimme alles ein Stückchen besser machen, wenigstens für den Moment.« So viele Tränen laufen über mein Gesicht, dass es aussehen muss, als sei ich durch den Regen gelaufen. Die Sonne bricht durch ein Fenster, und ich denke, dass James Bond und Jason Stratham nie weinen. Wenigstens nicht so, dass man es sieht.

»Als meine Frau in meinem Büro eintraf, hatte sie Maria, Jonas' langjährige Freundin, bei sich. Maria und Jo waren unzertrennlich gewesen. Nun stand sie dort, ohne ihn, in ihrer olivfarbenen Jacke, die langen Haare zum Pferdeschwanz zusammengebunden. Mit herunterhängenden Schultern und roten verweinten Augen hielt sie mir einen Brief entgegen. Drei Seiten in krakeliger Handschrift. Die Sätze drangen nicht bis in mein Bewusstsein durch, ich sah nur immer wieder das Wort *Allah*. Und *Papa* stand dort, immer wieder. Papa, so nennen sie mich, auch wenn das für andere Jungs in ihrem Alter zu uncool wäre.«

Ich erinnere mich genau daran, wie bei mir damals langsam die Gewissheit durchsickerte, dass es wahr war. Meine Söhne waren tatsächlich weg. Nach Syrien. In die IS-Hölle. Es ist schwer zu beschreiben, was im ersten Moment in einem Vater vorgeht, der erfährt, dass seine Kinder ihn verlassen haben, um für die falsche Sache in den nahezu sicheren Tod zu rennen. Ich denke, Ohnmacht beschreibt es am besten. Die innere Ohnmacht war so übermächtig, dass ich wünschte, ich könnte einfach richtig das Bewusstsein verlieren und es erst wiedererlangen, wenn alles so wäre wie vor der Nachricht. Aber ich blieb bei Sinnen, und für mich begann eine neue Zeitrechnung: vor dem Verschwinden und nach dem Verschwinden meiner Söhne.

»Ich rief wieder an bei meinem ältesten Sohn, und danach noch einmal und noch mal, aber keiner nahm den Anruf entgegen. Maria erzählte uns, dass sie seit einem Monat von Jonas getrennt sei, dass sie den Brief in der Post in ihrer ehemals gemeinsamen Wohnung gefunden habe. Ich fragte nicht weiter nach. Es gab so viel Wichtigeres.«

Mehmet übersetzte tonlos, und Said hörte gespannt zu. »Wir wählten die Nummer der Polizei, man bat uns, sofort aufs Revier zu kommen. Von dort fuhren wir gemeinsam zu dem weiß gestrichenen Sechsfamilienhaus, in dem meine Söhne wohnten. Es gehört mir, das machte die Sache einfacher.

Zuerst betraten wir mit den Beamten zusammen Lukas' Wohnung. Es sah aus, als wäre er kurz zum Einkaufen weg. Die Räume waren nur mit dem Nötigsten eingerichtet, mein Sohn, der Minimalist. Alles stand genauso dort wie bei meinem letzten Besuch. Auf dem Tisch in der Küche gammelte ein Teller mit Essen vor sich hin. Ich ging hinüber und stocherte in den matschigen Nudeln. Ein Beamter zuckte mit den Schultern. Dann gingen wir in Jonas' Wohnung. Sie war komplett leer. Nicht ein Möbelstück war noch da.«

Ich erzähle Said all diese Dinge, so wie man die Handlung eines Films erzählt, den man kürzlich gesehen hat. Wie oft habe ich diese Geschichte in den letzten Wochen schon erzählt, immer wieder. Ich erzählte sie deutschen und türkischen Polizisten, Freunden,

Fremden, Journalisten. Und nun sogar dem jordanischen Geheimdienst.

»Er tut, was er kann«, sagt Mehmet, nachdem wir uns von Said verabschiedet haben. So viele Monate habe ich mich auf Halsabschneider und wohlwollende, aber in ihren Mitteln extrem eingeschränkte Menschen verlassen, weil sich mir keine Alternative bot. Nichts Handfestes, Professionelles. Saids manikürte Hände, seine freundlichen Augen, das nahezu faltenlose Gesicht vermitteln zwar nicht den Eindruck, dass dort ein Geheimagent sitzt. Sollte der nicht verbrauchter aussehen? Älter, vom Leben gezeichneter? Sogar James Bond hat Falten. Der Anzug immer akkurat gebügelt, genau wie bei Said, aber mindestens um die Augen, die so viel gesehen haben, sollten ein paar Krähenfüße sein. Said hat keine Falten, kein einziges graues Haar. Er sieht aus wie ein Mensch, der in seinem Leben noch nie körperlich schwer arbeiten musste, jemand, der nie in Gefahr war. Vielleicht jemand, der teuren Schmuck verkauft. Oder ein Schauspieler aus einer Kaffeewerbung. Aber irgendwie habe ich das Gefühl, dass Said etwas bewegen kann.

Als ich die Tür des Hotelzimmers hinter mir zuziehe, fühle ich mich tatsächlich besser. Es geht mir immer ein wenig besser, wenn ich das Gefühl habe, etwas Sinnvolles getan zu haben, etwas geschafft zu haben, was meinen Kindern helfen kann.

2. DIE WANDLUNG

Jonas kam am 31. Dezember 1991 zur Welt, ein Silvesterkind. Er ist für das Rampenlicht, den großen Auftritt geboren. Im August 1996 bekam er einen Bruder, Lukas. Ursula und ich waren glücklich. Sehr sogar. Wir lebten in einem großen Haus in Kassel. Wer in der Immobilienbranche tätig ist, leidet wahrlich nicht unter einem Mangel an Auswahl bei der Wohnungssuche, und es glückt mir seit eh und je, die Prachtstücke herauszupicken.

Wir hatten Liebe, Glück, und wir hatten Geld. Verreisten viel. Ich wollte meinen Kindern all das bieten, was ich mir hart erarbeiten musste. Ich komme nicht aus reichem Hause. Für meinen Komfort habe ich geschuftet. Für meine Frau. Für die Kinder. Und natürlich auch für mich. Ich denke nicht, dass ich besonders oberflächlich oder besessen von Geld bin. Aber man kann kaum leugnen, dass Geld das Leben um einiges erleichtert. Wenn meine kleinen Burschen ein Spielzeug wollten, dann bekamen sie es auch. Später waren es dann Konsolen, Handys, Kleidung. Genug Baseballcaps, um die gesamte MLB auszustatten. Man kann darüber streiten, ob es erzieherisch gut ist, seinen Kindern alle Wünsche zu erfüllen. Ich kann daran nichts

Verwerfliches finden. Für ihr Taschengeld erledigten die Jungs Aufgaben im Haushalt, die mit ihnen wuchsen. Es gab keinen Ärger in der Schule. Nun, keinen Ärger, der über das übliche Maß hinausgeht.

Jonas war von klein auf sehr aktiv und der geborene Bestimmer.

»Was spielen wir jetzt?«, fragte Lukas immer. Und Jonas antwortete dann mit der Beschäftigung, nach der ihm der Sinn stand. Stundenlang tobten sie durch den Garten. Wann immer es die Zeit erlaubte – und ich war darauf bedacht, dass das häufig der Fall war –, stand ich mit einem Kaffee auf der Terrasse und sah ihnen zu. Sie spielten Cowboy und Indianer und Sternenkrieg. Manchmal auch Fußball, dann spielte ich immer mit. Zeigte ihnen Kniffe und Tricks, die gesamte Kleidung mit Grasflecken übersät.

Befreundete Paare sagten Ursula und mir, dass die Freundschaft zwischen unseren Jungs, die viereinhalb Jahre auseinander sind, ungewöhnlich eng sei.

Einen Knirps stört es ja nicht, wenn sein Spielkamerad noch ein Baby ist. Als Lukas acht und Jonas zwölf waren, gab es auch noch viele Gemeinsamkeiten. Doch dann kam die Zeit, vor der es allen Eltern graut: die Pubertät. Plötzlich war Jonas *schon* sechzehn und Lukas *erst* zwölf. Man sollte meinen, dass eine Jungenfreundschaft die Schere zwischen aufkeimendem Interesse an Mädchen und dem nachhaltigen Interesse an Rangeleien nicht übersteht. Bei unseren Kindern aber war es anders. Lukas war sehr bemüht, seinen großen Bruder nicht zu blamieren, indem er vor seinen Freunden peinliche Dinge sagte oder machte. Und Jonas spielte nach wie vor mit seinem kleinen Bruder, es war ihm egal, was seine Freunde dazu sagten.

Auch die Bindung zu mir empfand ich immer als sehr eng. Ich erinnere mich noch gut an die Phase, in der Klassenkameraden von Jonas plötzlich anfingen, ihre Eltern beim Vornamen zu nennen.

»Früher war ich Papi«, klagte ein Vater bei einem Elternabend zwischen Kaffee und Keksen im obligatorischen Stuhlkreis, »heute bin ich der Günther.«

Meine Kinder haben mich in ihrem gesamten Leben nicht ein einziges Mal Joachim genannt. Egal, wie viele ihrer Freunde neben uns standen, ja, selbst wenn es Mädchen waren, hieß ich stets Papa. Papa, der mit ihnen auf dem Rasen umhertollt, Papa, der zu ihren Aufführungen und Fußballspielen kommt, Papa, der ihre Hausaufgaben mit ihnen macht. Papa, dem sie alles erzählen können.

2009, als Jonas achtzehn und Lukas dreizehn Jahre alt waren, fuhren wir alle nach Dubai. Obwohl Ursula und ich seit 2004 getrennt waren, machten wir noch gemeinsam als Familie Urlaub. Wenn eine Beziehung auseinanderbricht, heißt das ja nicht, dass man nicht weiter Mutter und Vater ist und auch gemeinsam für die Kinder da ist. Und es heißt auch nicht, dass die

Eltern sich miteinander überwerfen müssen. Natürlich ist eine Trennung immer schmerzhaft, aber es dauerte nicht lange, dann erkannten Ursula und ich, dass Kinder ihre beiden Eltern brauchen, und dass wir zwar kein Paar mehr sind, aber trotzdem noch ein phantastisches Team für unsere Jungs sein können.

Die Ankunft in der Wüstenstadt war überwältigend. Sollte ich mir in meinem Leben je vermögend vorgekommen sein, war dieser Glaube nach der Landung in Dubai schnell kuriert. Luxusautos glitten vorbei an teuren Boutiquen, aus denen Menschen fast schon säckeweise Designerwaren trugen. Yachten, größer als so manche deutsche Villa, lagen ruhig und blitzblank im Hafen, umrahmt von den schicksten Hochhäusern, die ich je gesehen habe. Frauen wie Männer trugen Schmuck an einer Hand, der mehr kostete als mein Auto. Nahezu jeder dort schien so unvorstellbar reich zu sein, dass einem ganz schwindelig wurde. Das holt einen gutverdienenden Kleinunternehmer mit schicker Wohnung schnell auf den Boden der Tatsachen. Es mag uns bessergehen als den allermeisten Menschen auf der Welt. Aber in Dubai war mein Erspartes ein Tropfen auf den heißen Stein.

Wir waren so überwältigt von der Stadt und hatten so viel Spaß miteinander, dass die Jungs die ausgelassene Stimmung nutzten und mit ihrem innigsten Wunsch herausrückten: Sie wollten einen Hund. Die beiden Schlitzohren hatten daheim in Kassel beobachtet, dass man mit Hund im Park super Mädels kennenlernen kann.

Es war schwer, unseren Sonnenscheinen etwas abzuschlagen. Aber ein Haustier? Sie würden sich um ihn kümmern und mit ihm Gassi gehen müssen.

»Wir werden sehen«, sagte ich schmunzelnd, während wir eine der unzähligen Promenaden Dubais entlangschlenderten. Sie dürfen ruhig noch etwas zappeln, dachte ich. Aber den Wunsch abschlagen würde ich ihnen nicht. Zumal ich auch selbst dieser Idee nicht ganz abgeneigt war.

»Wieso hat hier eigentlich keiner Hunde?«, fragte Lukas auf einmal, und tatsächlich sah man hier niemanden mit einem Hund an der Leine spazieren gehen.

»Hunde gelten im Islam als unrein«, erklärte Ursula, die das Talent besitzt, immer sehr einfühlsam und aufmerksam auf die Fragen unserer Söhne einzugehen. »Das heißt nicht, dass Muslime keine Hunde mögen. Aber sie dürfen zum Beispiel nach der rituellen Waschung vor dem Gebet keinen Hund berühren. Und das Reviermarkieren gilt auch als unrein. Deswegen besuchen strenggläubige Muslime zum Beispiel nicht gern Hundehalter. Weil Hunden eben schon manchmal etwas danebengehen kann.«

»Meine Güte, Ursula. Woher weißt du das alles?«, fragte ich verwundert und zog meinen imaginären Hut vor ihr.

»Im Gegensatz zu euch Kerlen lese ich die Reiseführer«, sagte sie lachend und strich Lukas durchs braune Haar.

»Hier sind aber noch viele andere Sachen anders«, bemerkte Jonas.

»Soso! Was denn zum Beispiel?«, wollte Ursula neugierig wissen.

»Die Frauen tragen hier viel häufiger Kopftücher als zu Hause. Und manchmal auch diese schwarzen Ganzkörperkleider, bei denen man nur die Augen sieht. Und ein paar Frauen habe ich gesehen, da waren sogar die Augen noch hinter so was wie Fliegengitter versteckt.«

»Das ist Teil ihrer Religion, und manche leben sie nun einmal intensiver aus als andere. Das hier ist ja ein ganz anderer Kulturkreis«, erinnerte Ursula sie, »auch wenn viele Leute hier sehr westlich aussehen.«

»Sind die Frauen hier nicht frei?«, fragte Luke besorgt. Jo schüttelte seinen Wuschelkopf.

»Ich finde, so richtig frei klingt das nicht. Ich hätte auf jeden Fall keine Lust, jeden Tag so schwarze Klamotten anzuziehen und durch Fliegengitter zu gucken.«

Man hörte mehr als nur ein Fremdeln aus ihren Stimmen heraus. Sie hatten Angst.

»Wie schwarze Gespenster sehen die aus«, schloss Lukas und bemühte sich sichtlich, genauso gelassen wie sein Bruder zu wirken. Das Unbehagen sah man nur in seinen Augen.

Nachdem er zum Islam konvertierte, heiratete Lukas eine Deutsche. Viviane heißt sie. Ich habe nur ein Foto von ihr gesehen. Auf dem Bild trägt sie eine Burka.

Zurück in Deutschland gingen wir ins Tierheim und nahmen Milo mit nach Hause, einen Labrador Retriever. Zu Hause, das war damals meine Penthousewohnung in der Kasseler Innenstadt. Direkt nach meiner Trennung von Ursula waren die Jungs bei ihr geblieben, 2005 zogen sie zu mir. Eine Terrasse umrundete die gesamte Wohnung und der getäfelte Fahrstuhl hielt direkt im Wohnzimmer. Das sind natürlich Dinge, die Teenager besonders aufregend finden. Mädels zu beeindrucken ist im Prinzip der ausschlaggebende Faktor für sämtliche ihrer Entscheidungen. Wenn wir ehrlich sind, ändert sich das im Laufe des Lebens gar nicht viel. Jonas wollte wohl hauptsächlich deswegen zu mir, Lukas folgte ihm, wie nahezu immer, ein halbes Jahr später.

Jo, Luke, Milo und ich hatten viel Spaß in unserer Männer-WG. Ich erlaubte ihnen Freiheiten, die andere Kinder möglicherweise nicht hatten. Und ich erklärte mir meinen gefühlten und von Freunden, Bekannten und selbst Lehrern bekundeten Erziehungserfolg auch immer damit, dass es feste Regeln und Pflichten, aber eben auch viel Freiheiten geben muss. Natürlich gab es ab und an Ärger. Jungs sind nun einmal Jungs.

»Gerhard?« Es war schon dunkel, als mein Handy klingelte. Ich war kurz eingenickt, setzte mich auf und gähnte geräuschlos. Auf meiner Wange ertastete ich einen Abdruck des Musters vom Sofakissen.

»Davidwache, guten Abend. Sind Sie Herr Joachim Gerhard?«, brummte eine Männerstimme ins Telefon.

»Ja«, sagte ich mit halbgeschlossenen Augen. Die Jungs waren übers Wochenende zu Familienfreunden nach Hamburg gefahren, es war also klar, dass die berüchtigte Kiezpolizeiwache nicht aus Versehen meine Nummer gewählt hatte. Der Beamte klang nicht alarmiert, ich ging also davon aus, dass es sich um eine Kleinigkeit handeln würde.

»Was haben sie angestellt?«

»Wir haben Ihre Söhne spätabends dort angetroffen, wo man Jungs in ihrem Alter halt manchmal so antrifft.«

Dann stellte sich heraus, dass meine Sprösslinge unseren Bekannten bei einem Bummel durch St. Pauli nach einem Fußballspiel nicht ganz unfreiwillig abhandengekommen waren. Jonas und Lukas fanden es wohl ziemlich aufregend, alleine den Hamburger Kiez zu besuchen, und landeten recht schnell in einer Kneipe neben der Davidwache. Dort fielen sie zwei Polizisten auf, die ihre Ausweise überprüften. Da Jonas noch keine achtzehn war und die Jungs auch sehr ausweichend auf die Fragen der Beamten antworteten, beschlossen diese, mich anzurufen.

»Was sollen wir denn jetzt machen?«, fragte der Polizist und klang dabei nicht weniger belustigt, als ich es war.

»Behalten Sie die beiden ruhig über Nacht da. Ich sag unseren Freunden Bescheid«, sagte ich grinsend, »vielleicht lernen sie ja draus.«

»Wird gemacht.« Nun war das Strahlen des Kiezbullen deutlich hörbar. Bevor er auflegte, hörte ich ihn noch ein paar Worte an die beiden richten. »Ihr habt gehört, was Vati gesagt hat. Nu is' das halt man so.«

Als die zwei zurück nach Hause kamen, entschuldigten sie sich bei mir und gelobten, solch eine Dummheit nie wieder zu begehen. Tatsächlich schienen sie gewissermaßen geläutert. Der freundliche Polizist musste eine gute Show bei ihnen abgezogen haben.

»War's schlimm im Knast?«, fragte ich mit verschränkten Armen. Die Bürschchen hockten vor mir auf dem Ledersofa im Wohnzimmer wie zwei Häuflein Elend.

»Es war furchtbar, Papa!«, brach es aus Lukas heraus.

»So langweilig!«, pflichtete Jonas bei.

»Papa, was soll man denn so lange machen, wenn man gar nichts hat außer einem Bett. Und die Leute waren schon auch zwielichtig«, führte Lukas weiter aus.

»Die Polizisten?«, gespielt echauffiert sog ich scharf Luft ein.

»Nein, Papa! Die Gefangenen. Die meisten waren total krass betrunken, und einer war im Gesicht tätowiert«, erklärte Jonas.

»Na, dann wollen wir hoffen, dass ihr nie wieder im Gefängnis landet.« Mittlerweile fiel es mir außerordentlich schwer, das Lachen zu unterdrücken.

»Nie wieder, Papa. Versprochen.«

Nach dem Abitur entschied Wildfang Jonas, dass er Schauspieler werden würde. Er wollte nach Berlin ziehen, eine Ausbildung machen, in Filmen und Serien mitspielen. Berühmt und umschwärmt zu werden, diese Dinge standen ganz oben auf der Liste dessen, was er sich für sein Leben wünschte. Das stimmte zwar nicht ganz mit dem überein, was wir uns als seine Eltern für seine Zukunft vorstellten. Wir stimmten aber trotzdem zu und unterstützten ihn, soweit es uns möglich war. Jonas muss seine eigenen Erfahrungen machen, sagte ich mir, so wie schon in jener Nacht in Hamburg. Außerdem wäre es ziemlich scheinheilig von mir gewesen, meinem Kind eine ungewöhnliche Laufbahn zu versperren. Immerhin war ich selbst früher Profifußballer in der zweiten Bundesliga gewesen. Auch nicht gerade das, was man sich unter einem »normalen« Job vorstellt. Lukas folgte seinem Bruder, wie es von klein auf seine Gewohnheit war, auch dieses Mal. Im Frühjahr 2012, mit sechzehn Jahren, zog er zu Jonas nach Berlin, um eine Ausbildung zum

Pressefotografen zu machen. Jonas versprach, immer gut auf seinen kleinen Bruder aufzupassen. Dass sie zusammenwohnen würden, war eine unserer Hauptbedingungen, die wir an die Jungs stellten. Lukas legte uns in stundenlangen Gesprächen dar, dass Pressefotografie seine Leidenschaft sei. Zugegebenermaßen hatte er schon seit Jahren gern und viel und sogar ziemlich gut fotografiert. Am Ende gaben wir das Okay. Lukas war als Mensch so verantwortungsvoll, dass er aller Wahrscheinlichkeit nach eher Jonas von Dummheiten abhalten als daran teilnehmen würde.

Sie lebten zu viert in einer WG in der Nähe der Siegessäule. Ein teures Vergnügen, wenn auch nicht so luxuriös, wie sie es aus Kassel kannten. Das war eh nicht mehr aktuell. Jetzt wollte man nicht mehr im Penthouse, sondern in einer abgerockten Studentenbude wohnen, in der am Wochenende Fremde auf dem Küchentisch sitzen und rauchen, während im Wohnzimmer getanzt wird. Die beiden jungen Männer feierten wilde Partys, tranken viel, experimentierten mit Drogen herum. Es wurde aber nie so arg, dass ich hätte einschreiten müssen. Das Vertrauen in mich und die enge Beziehung zu mir war ungebrochen. Bei meinen häufigen Besuchen in Berlin und fast täglichen Telefonaten erzählten meine Kinder mir wirklich alles, was vor sich ging. Sie beschönigten nichts, teilweise musste ich wirklich schlucken. Und die ein oder andere Standpauke mussten sich die beiden schon anhören. Aber sie erzählten weiterhin von ihren Abenteuern, ließen nichts aus. Solange sie mir genug vertrauen, um alles zu erzählen, wird's schon passen, dachte ich, obwohl mir manchmal etwas mulmig dabei war. Man muss auch loslassen können. Die beiden jungen Kerle hatten sich mein Vertrauen ihr ganzes Leben über verdient und erarbeitet. Nun war es an mir, ihnen zu vertrauen.

Mit dem Ende seiner Ausbildung zum Schauspieler im Dezember 2013 kündigte Jonas eine große Veränderung an. Eine Veränderung, die der Teil von mir, der meinen Sohn täglich vermisste, begrüßte. Der Teil von mir, der an ihn glaubte und ihm wünschte, dass er seine Ziele erreichte und seine Träume verwirklichte, und nicht zuletzt auch der Teil, der diesen wilden Ritt finanziert hatte, war wie vor den Kopf gestoßen. Ich besuchte seinen Bruder und ihn gerade in Berlin. Wir saßen in einem Restaurant in Mitte. Draußen fiel Schnee.

»Und jetzt?«, fragte ich über den Tisch hinweg. »Was hast du nach deinem Abschluss vor?«

»Es wird dich vielleicht überraschen. Aber ich will nach Hause«, eröffnete mein Ältester mir. Lukas sah mindestens genauso überrascht drein wie ich.

»Nach Kassel? Da brauchen wir Schauspieler?«, fragte ich verdattert.

»Vermutlich nicht unbedingt. Aber ich hab keinen Bock mehr. Das Leben hier ist nichts für mich.« Jonas strich mit der flachen Hand über die lilienweiße Tischdecke, um ein paar Brotkrümel auf den Boden zu fegen.

»Ich dachte, die Schauspielerei ist dein Leben«, sagte Lukas vorwurfsvoll, »du hast mir nie davon erzählt.«

»Ich war mir nicht sicher. Aber mir ist das zu doof. Die koksen alle und finden sich supertoll. Immer Partys und Alkohol und Drogen. Und dann sind die richtig erfolgreichen Schauspieler nicht einmal nett. Der Til Schweiger war letztens bei uns an der Schule, und Papa, der ist ein richtig arrogantes Arschloch.«

Ich blinzelte ein paarmal.

»Du willst nicht als Schauspieler arbeiten, weil Til Schweiger ein Arschloch ist.«

»Ach Papa, du verstehst das doch. Du hattest auch keinen Bock mehr auf Fußball und wolltest was Vernünftiges machen.«

Lukas schien in eine Art Schockstarre gefallen zu sein und schwieg beharrlich. Ich allerdings hatte noch einige Fragen.

»Und stattdessen willst du was genau machen? Deine Ausbildung war teuer, Junge. Ich muss sagen, ich habe keine große Lust, noch eine zweite zu bezahlen.«

»Das ist der beste Teil meines Plans!«, platzte es aus Jonas heraus, dass der Kellner, der gerade am Tisch war, vor Schreck beinahe den Rotwein neben sein Glas gegossen hätte. »Ich arbeite in deiner Firma! Und ich heirate Maria.«

»Weiß Maria schon von ihrem Glück?«, fragte ich und versuchte, mich in meinem Weinglas zu ertränken. Ein so junger Kerl sollte in meinen Augen wirklich vieles ausprobieren, aber heiraten gehört definitiv nicht dazu. Gut, die beiden waren seit vier Jahren ein Paar. Die letzten zwei Jahre hatten sie in einer Fernbeziehung gelebt, weil Maria daheim in Kassel geblieben war. Natürlich will man da zusammen sein. Aber gleich so endgültig?

»Nein. Aber ich frage sie dann, wenn ich eine Weile bei dir gearbeitet habe. Und dann wird sie schon ja sagen. Wir lieben uns ja.« Entzückend, die Naivität, mit der Kinder die Liebe sehen. Aber eben nur so lange, bis man plötzlich eine prachtvolle Hochzeit und später eine schreckliche Scheidung bezahlen muss.

»Na, darauf trinken wir«, sagte ich, weit davon entfernt, die Tragweite des Ganzen begriffen zu haben, und erhob instinktiv mein Glas. Er wird schon zur Besinnung kommen, dachte ich, ebenso naiv, wie mein Sohn es war.

»Auf Jonas«, sagte Lukas, der scheinbar aus seinem Wachkoma erwacht war und sein Glas derart schnell in die Höhe riss, dass er sein weißes Hemd mit Wein bekleckerte. »Ach, Scheiße!«, fluchte er und schüttete sich den kompletten Inhalt des Salzstreuers über die Brust, wohl, weil er mal in einem Studentenratgeber im Internet gelesen hatte, es helfe.

»Auf einen neuen Job und eine Hochzeit«, stimmte

ich ein und fügte in Gedanken heimlich ein »Na, Prost Mahlzeit« hinzu.

Aber tatsächlich war es auch schön, gestand ich mir mit der Zeit ein, eins meiner Kinder wieder in meiner Nähe zu haben. Vielleicht würde sich ja doch noch alles finden. Das Künstlerleben ist nicht leicht, es gibt wenig Struktur, keine festgelegte Laufbahn. Man treibt so vor sich hin. Täglich feste Arbeitszeiten, ein normaler Alltag, diese Standpfeiler schien mein Junge in den letzten Jahren vermisst zu haben. Er musste durch den Umzug ja auch rasend schnell erwachsen werden. Doch, ich war mir mittlerweile ziemlich sicher, dass ein paar Monate 0815-Leben meinem Jonas guttun und den Kopf geraderücken würden.

In Kassel traf Jonas einen alten Schulfreund wieder, Sebastian. Und der führte das Leben, nach dem Jonas sich gerade sehnte, wenigstens so ungefähr. Sebastian ging einer geregelten Arbeit nach, war geschieden, hatte erneut geheiratet und war Stiefvater. Nicht ideal, aber näher dran an seinem neuen Lebensentwurf, als seine anderen Freunde und Bekannten es waren. Sebastians erste Frau war Muslima, er konvertierte für sie und brachte den Islam aus seiner ersten mit in seine zweite Ehe. Und diesmal war es seine Frau, die den Glauben für ihn annahm, genau wie ihr Sohn, den sie mit in die Ehe brachte, und später ihre gemeinsame Tochter.

Eines Tages nahm Sebastian Jonas mit zum Gottesdienst in einer Kasseler Moschee. Ein Muslim zu sein passe zu Jonas' Vorstellungen von einem guten Leben, versprach Sebastian. Am Anfang begleitete mein Sohn ihn nur sporadisch. Dann immer häufiger. Und schließlich passierte das wenige Monate zuvor noch Unvorstellbare.

»Glaubst du an Gott?«, fragte Jonas unvermittelt, während wir zu Hause in unserer Sauna saßen. Ich betrachtete ein paar Atemzüge lang die Holzvertäfelung und saugte den Dampf in meine Lungen, bevor ich antwortete.

»Wenn ich mal in einem brennenden Flugzeug sitze, fange ich vielleicht an zu beten«, sagte ich zögerlich. Seine blonden Haare klebten auf der Stirn, und eisblaue Augen sahen mich durchdringend an, als er mir daraufhin eröffnete, dass er beschlossen habe, Muslim zu werden. Sein »altes Leben« wolle er ablegen, keinen Mädchen mehr hinterherjagen, keinen Alkohol mehr trinken. Sein »altes Leben« schien mir gar nicht so alt. Für mich als Vater war es seit Jahren sein aktuelles Leben, und obwohl ich mich inzwischen gut damit abgefunden hatte, dass er wieder in Kassel war, in meiner Firma arbeiten wollte und in festen Händen war, besorgte es mich. Das mag komisch klingen: ein Vater, der sich nichts sehnlicher wünscht, als dass sein Sohn sich weiterhin den Mädchen, dem Alkohol und einer Schauspielkarriere widmet, statt ein frommes Leben im Schoße der Familie zu führen. Die Unterhaltung in dem Berliner Lokal lag bereits einige Monate zurück. Ich beschloss, den Faden von damals wieder aufzunehmen.

»Geht es dir um ein Leben ohne Saus und Braus, das weniger oberflächlich ist? Dafür brauchst du doch keine Religion.« Dann fiel mir ein entscheidendes Argument ein. »Und wie willst du als Muslim Maria heiraten? Die ist ja nicht gläubig.« Spielerisch boxte ich Jonas gegen den Arm.

»Vielleicht ändert sie ihre Meinung ja. Und sonst dürfen Muslime auch Christen heiraten. Hab ich extra gefragt. Also standesamtlich halt. Und die Scharia sagt, ein muslimischer Mann darf eine christliche Frau nach muslimischer Tradition heiraten, und die darf dann sogar Christin bleiben. Unsere Kinder wären dann Muslime. Aber das wäre Maria bestimmt alles egal. Sie ist ja eigentlich Atheistin.«

Das klang alles wesentlich durchdachter, als ich vermutet hatte. Diese Islamgeschichte schien keine Laune meines impulsiven Sprösslings zu sein. Mir wurde langsam immer klarer, dass er es wirklich sehr ernst meinte.

Ich war hin- und hergerissen. Wenn ich seine Entscheidung nicht akzeptieren würde, würde ich ihn vielleicht verlieren. Deswegen versuchte ich, soweit es ging, meinen Frieden mit der ganzen Sache zu machen. Auch als Lukas ein halbes Jahr nachdem Jonas nach Kassel gezogen war, seine Ausbildung in Berlin abbrach und ebenfalls zurückkam. Ich war nicht gerade erfreut, aber auch nicht unbedingt überrascht. Lukas folgt Jonas immer. Seine Ausbildung hätte er wirklich noch beenden können, fand ich. Aber ich konnte ihn schlecht dazu zwingen und mich weigern, ihn ebenfalls bei mir arbeiten zu lassen. Also fügte ich mich und harrte der Dinge, die kommen mochten.

Dass Lukas seinem großen Bruder in Religionsfragen nacheifern würde, war mir klar. Lukas betrachtete Jonas schon sein ganzes Leben als Maß aller Dinge. Bei einer so entscheidenden Frage wie der Konfession würde er ihm ebenfalls folgen. Ich behielt recht. Und mehr noch als die abgebrochene Ausbildung bereitete mir das Annehmen des Islams – nur um seines Bruders willen – viele schlaflose Nächte.

Nun arbeiteten beide in meiner Firma, lernten ganz neue Berufe, weil wir im Immobiliengeschäft absolut keine Schauspieler und Pressefotografen brauchen. Fußballer, die mal Bauschlosser gelernt haben, aber auch nicht. Es ist eine gute Branche für Quereinsteiger, wenn man wirklich motiviert ist.

In ihren Arbeitspausen beteten sie nun gemeinsam im nahe gelegenen Wald, statt sie mit uns anderen zu verbringen.

»Wo sind denn deine Jungs?«, fragte Bernd, mein Freund und Mitarbeiter einmal, während wir unsere Stullen auf den kleinen Tisch im Büro packten. Das Einschlagpapier raschelte, als er das Butterbrot auswickelte und genüsslich hineinbiss.

»Die sind beten«, erklärte ich schulterzuckend und stopfte mir ein Stück Fleischwurst in den Mund. Damit war das Thema für ihn gegessen.

Das stechende Gefühl, meine Kinder langsam an eine fremde Kultur zu verlieren, nagte aber weiter an mir. Man liest ja so viel, und das meiste ist, gelinde gesagt, erschreckend. Von Jugendlichen, die sich auf den Weg nach Syrien machen, um für den »Islamischen Staat« zu kämpfen, von radikalen Muslimen mit albernen Westen, die durch deutsche Innenstädte ziehen. Damit hätten sie nichts zu tun, versicherten mir die zwei immer wieder. Betonten, wie erwachsen sie seien. Dass ich mir keine Sorgen machen müsse.

Wenn ich meine Kinder halten wollte, musste ich ihnen einen Schritt weit in diese neue und unbekannte Richtung folgen, davon war ich überzeugt.

Doch das fiel mir zunehmend schwerer. Am Anfang war der größte Unterschied noch, dass meine Jungs sich nun als Muslime bezeichneten und in die Moschee gingen. Gar nicht so schlimm, dachte ich. Wie sie sich nennen, ist ja eigentlich egal, und ob sie nun in eine Moschee oder Kirche gehen, macht keinen Unterschied.

Aber dann wurde es immer arger. Die Hosen mussten plötzlich eine bestimmte Länge haben, beide ließen sich kleine Bärte wachsen. Ihre Baseballcaps und Trikots blieben immer öfter im Schrank. Die Kleidung war nicht mehr bunt, sondern weiß, braun und schwarz. Während besonders Lukas früher kaum ohne sein Kindle das Haus verlassen konnte, gab es jetzt nur noch ein Buch: den Koran. Er wurde kaum noch aus der Hand gelegt. Alte Freunde sah man immer weniger mit den beiden. Stattdessen trafen sie sich mit Sebastian und Jungs, die sie in der Moschee kennenlernten. Ein gläubiger Muslim muss, so erklärten es mir meine Kinder, jeden Tag fünfmal beten. Die Gebete heißen *Fadschr*, *Zuhr*, *ʾAsr*, *Maghrib* und *ʿIschāʾ*. *Fadschr* muss zwischen dem Morgengrauen und dem Moment, in dem die Sonne am Himmel erscheint, durchgeführt werden. *Zuhr* kann nur in einem kleinen zwanzigminütigen Zeitfenster zwischen dem Zenit der Sonne und *ʾAsr* gebetet werden. *ʾAsr* beginnt, wenn der Schatten von etwas zweimal so lang ist wie das Ding selbst. *Maghrib* beginnt mit dem Untergehen der Sonne. Und *ʿIschāʾ* soll man am besten genau zwischen Sonnenuntergang und Sonnenaufgang beten. Mitten in der Nacht zu beten – kann das gesund sein? Ist das schon Gehirnwäsche, wenn zwei junge Männer von Freunden isoliert, mit Hausaufgaben zu dem immer selben Buch überhäuft und zum Unterbrechen des Schlafes jede Nacht gedrängt werden?

40

Mein erster Besuch einer Moschee beruhigte mich kurzzeitig. Der kleine Raum war voll und stickig, Männer und Frauen wurden strikt getrennt. Keine sonderlich fortschrittliche Religion, so schien es mir. Aber es war auch nicht so grauenerregend, wie ich befürchtet hatte, und manche Medien mich glauben lassen wollten. Von der beeindruckenden Präsenz einer Kirche hatte die Moschee nichts. Das lag natürlich daran, dass sie im Grunde ein Wohnhaus war. Nicht sonderlich bedrohlich.

Wir zogen unsere Schuhe am Eingang aus. Ein fremder, bärtiger Mann bot mir irgendetwas Undefinierbares zu essen an.

»Was ist das?«, fragte ich vorsichtig.

»Halawa«, antwortete der Fremde strahlend. Er war sehr klein und hager und wie fast alle Älteren dort ungefähr so bieder angezogen wie mein früherer Erdkundelehrer. Mein fragender Blick motivierte ihn dazu, einige erklärende Worte hinzuzufügen.

»Lecker. Honig und Pistazie. Sehr gut!« Sein Deutsch war, gutmütig formuliert, gebrochen. Ich strahlte zurück, nahm ein Stück und schob es mir in den Mund.

»Mmmhhhmmm«, machte ich und nickte. »Feeär lehhkkka!« Ich schluckte. »'tschuldigung. Wirklich gut!«

Ich fragte meine Söhne, was für ulkige Mützen hier alle aufhaben, obwohl draußen bestes Wetter herrschte. Jonas kicherte.

»Das sind Takke. Gebetsmützen. Hier, wir haben auch eine für dich.« Unsicher wendete ich die Kopfbedeckung in meinen Händen hin und her.

»Aus Respekt, Papa. Bitte«, sagte Lukas. Ich setzte die Mütze auf, und wir betraten den tatsächlichen Gebetsraum.

Viele der Muslime waren junge europäische Männer, die Predigten wurden auf Deutsch gehalten. Inhaltlich unterschied sich das Gesagte nicht groß von dem, was ich mein Leben lang immer wieder in christlichen Kirchen gehört hatte. Vom Rand des Gebetsraumes beobachtete ich das Geschehen. Niemand sprach von »Heiligen Kriegen« oder rief zu Bluttaten auf.

Ein kleiner Junge krabbelte auf meinen Schoß und grinste mich zahnlückig an. Was für ein liebes Kind, dachte ich und zuppelte seinen geringelten Pulli zurecht. Der Junge gackerte fröhlich und seine Augen lachten, während er auf seiner Hand kaute. Dem Racker über das rabenschwarze Haar wuschelnd dachte ich, dass eine Religion, die so einen zauberhaften Krümel beheimatet, in ihren Grundfesten nicht bedrohlich sein kann.

Das ist sie auch nicht. Der Islam ist nicht das Problem. Ich besuchte noch vier oder fünf weitere Male den Gottesdienst mit meinen Kindern. Nie wurde ich Zeuge von Hass oder Anstachelungen zu Mord. Die Manipulierer und Kriegstreiber vom IS sind es, die die Waffen gegen ihre eigenen Brüder und Schwestern richten und sich für ihren unheiligen Kampf Kanonenfutter aus Deutschland besorgen.

Als Jonas und Lukas mich im Oktober 2014 fragten, ob sie mit dem Firmenwagen nach Wien fahren dürften, um Freunde zu besuchen, war ich nicht dagegen. Ich freute mich sogar. Von ihrem früherem Leben, ihrer Unternehmungslust und der Freude war nicht mehr viel übrig geblieben. Eine Reise zu einem Freund aus früheren Tagen konnte nur gut für sie sein, da war ich mir sicher. Vielleicht würde es ihnen helfen, sich wieder an ihre Vergangenheit anzunähern. Vielleicht hätte der Spuk bald ein Ende. Aber es kam anders. Ganz anders.

Viele Monate später konfrontierte eine Journalistin Prediger der Moschee mit der Geschichte meiner Söhne. Man sei sich im Klaren darüber, dass radikale Islamisten auf Rattenfang gewesen waren, sagte man ihr. Diese Menschen seien aus dem Gebetshaus entfernt worden, und es sei ihnen untersagt, in dem Haus zu beten, zu predigen oder auch nur Halawa an Fremde zu verteilen. Für Jonas und Lukas kamen diese Maßnahmen zu spät.

3. EIN ERSTES LEBENSZEICHEN

Die ersten anderthalb Monate nach dem Verschwinden meiner Söhne ging ich durch die Hölle. Meinem schlimmsten Feind würde ich nicht wünschen zu erleben, wie es ist, seine Kinder an die Ungewissheit zu verlieren. Sie waren weder tot noch lebendig. Jedes Handyklingeln, jede SMS, jedes Türklopfen hatte mit einem Mal das Potential, mein Leben wieder einzuschalten oder es komplett auszuschalten. Mein Ich war pausiert wie eine CD, die sich die ganze Zeit weiterdreht und irgendwann an der Pause zerbricht. Falls ich den erlösenden Anruf entgegennehme und einer der beiden Jungs dran ist, dann kann ich wieder atmen, schlafen und essen. Falls ich den Anruf entgegennehme und erfahre, dass ihnen etwas zugestoßen ist, dann kann ich das vielleicht nie wieder.

Aber kein Anruf kam, niemand klopfte an meine Tür, und eine Nachricht schickte man mir auch nicht. Es war einfach, als hätte es Jonas und Lukas nie gegeben. Außer wenn ich die Treppe hochging, in ihre alten Zimmer in meiner Wohnung. Da hingen noch Poster und stapelten sich T-Shirts, als kämen sie gleich von einer Verabredung mit Freunden heim. Ich ging jeden Tag für ein paar bittersüße Minuten in ihre Zimmer. Setzte mich auf den Rand ihrer Betten, strich mit den Fingerkuppen über ihre Sachen und ging wieder hinaus, kurz bevor ich zu ersticken drohte.

Die Polizei war seit dem Tag, an dem wir die Abschiedsbriefe fanden, informiert. Immerhin waren wir mit ihnen sogar in den Wohnungen der beiden gewesen. Wir standen in ständigem Telefonkontakt, man versprach immer wieder, alles zu tun, um meine Kinder zu finden, wies aber auch darauf hin, dass man sie über Landesgrenzen hinaus nur schwer verfolgen oder orten könne. So galten Lukas und Jonas schlicht als vermisst.

Sechs Wochen nach dem Verschwinden meiner Kinder klingelte das Telefon erneut. Ich saß, wie fast immer, im Büro und versuchte, die Leere in meinem Inneren mit Geschäftigkeit zu füllen. Wie jedes Mal schlug mein Herz schneller. Aber anders als bisher überrollte mich keine Welle der Enttäuschung, als ich auf das Display blickte. Im Gegenteil. Mein Herz schlug so rasend schnell bis hoch in meine Kehle, dass es aus meinem Mund zu fallen drohte. Zornig presste meine Zunge es zurück, den Hals hinunter. Jetzt nicht, Herz. Jetzt ist keine Zeit.

»Jo« stand dort. Direkt über seinem Namen zeigte das Handy die Uhrzeit an. Sieben Uhr. Wie in einem Daumenkino flogen Gedanken durch meinen Kopf. Ist es wirklich Jonas? Will er zurück? Braucht er mich? Ist ihm oder seinem Bruder etwas zugestoßen? Haben sie ihm sein Handy weggenommen und rufen mich an?

Wie in Trance drückte ich auf das Anrufannehmenfeld, meine linke Hand umklammerte die Bürostuhllehne. Mit geschlossenen Augen presste ich das Telefon an mein Ohr.

»Hallo?«, sagte ich.

»Hallo, Papa.« Ich begann augenblicklich zu weinen, konnte kaum aufhören. Ich bin nicht nah am Wasser gebaut, aber seit ihrem Aufbruch nach Syrien hatte ich vermutlich mehr Tränen vergossen als in meinem gesamten vorherigen Leben zusammen. Jonas sagte nichts. Er lauschte einfach meinem Schluchzen.

»Papa?«, fragte er schließlich ein wenig verunsichert.

»Jonas«, presste ich durch tränennasse Lippen, »bitte ruf in zehn Minuten noch mal an. Ich muss mich kurz beruhigen.«

»Okay, Papa«, sagte er. Nachdem er auflegte, hörte ich einige Minuten nur das monotone Tuten des Telefons und mein eigenes, kehliges Wimmern. Als ich mich einigermaßen zusammengenommen hatte, kamen erneut Ängste und Zweifel auf. Was, wenn er nicht noch mal anruft? Was, wenn das meine einzige Chance war, mit Jonas zu sprechen? Aber nach exakt zehn Minuten klingelte es. Es tat so gut, seine Stimme zu hören, dass die Worte erst nach ein paar Sätzen in mein Bewusstsein drangen.

»Uns geht es gut, Papa«, sagte mein Sohn und erklärte mir genau, wie ihre Reise verlaufen war, wie ihr neues Leben aussah.

»Wir sind mit dem Auto bis in die Türkei gefahren.«

»Wer genau?«, hakte ich nach.

»Luke, Viviane, Sebastian, seine schwangere Frau, ihr Sohn und Pascal. Pascal ist in der Türkei geblieben.«

Eine ganze Truppe, wurde mir klar. Alle Informationen waren neu für mich. Mein bisheriges bruchstückhaftes Wissen stammte aus dem Brief und aus den Mündern der Polizeibeamten, die außer der Bestätigung, dass meine Söhne tatsächlich weg waren, nicht viel beizutragen hatten. Dass Viviane auch fort war, wusste ich, weil ich mit ihren Eltern gesprochen hatte. Aber die Ausmaße des Ganzen waren mir bis dahin nicht bewusst gewesen. Es gab ja keine Auskunft, an die ich mich hätte wenden können. Ich fragte weiter nach, was dann geschah.

»Wir sind über die Grenze gelaufen. Hier haben wir dann Leute gesucht, bei denen wir uns melden können.«

»So was gibt es?«, fragte ich erstaunt.

»Natürlich, Papa. Das ist hier ein richtiger Staat. Wir sind gemeldet und so. Wir haben auch so was wie Ausweise.«

»Wie geht es deinem Bruder?«

»Gut«, antwortete Jonas knapp.

»Was macht ihr so?« Ich war noch nicht dafür bereit, dass er auflegt, und wollte das Gespräch so lange wie irgendwie möglich hinauszögern.

»Was man halt so macht. Wir sitzen beisammen, reden, beten. Aber es gibt auch fast alles, was wir zu Hause hatten. Letzte Woche haben wir hier alle zusammen gegrillt. Sogar Pepsi gibt es hier, Papa. Und morgens esse ich immer Nutella. Wie bei dir.«

Ich atmete erleichtert auf, weil mich diese alltäglichen bekannten Dinge für einen kurzen Moment beruhigten, auch wenn diese Beschreibung des IS im Prinzip das Gegenteil dessen war, was man sich im Westen so vorstellt. Kein Wort von Krieg, von Hinrichtungen oder Schießübungen. Ich traute mich auch nicht, danach zu fragen, aus Angst davor, mein Sohn könnte auflegen. Also sagte ich nichts.

»Das Wetter ist traumhaft. Viel wärmer als in Deutschland.«

»Ach, wie schön«, antwortete ich unsicher.

»Ist es wirklich, Papa. Ich schicke dir nachher Bilder, wenn du möchtest.«

Ich lächelte das erste Mal seit langer Zeit aufrichtig und von ganzem Herzen.

»Das möchte ich sehr gern.« Dann hielt es mich nicht länger. »Hier in den Nachrichten … Also, die Kämpfe … Du und dein Bruder … Wie …« Mein Herumgedruckse war mir selbst unangenehm.

»Wir kämpfen hier nicht. Vielleicht lassen sie uns

bald in einem Kindergarten arbeiten. Es ist wirklich schlimm, was mit unseren Brüdern und Schwestern hier gemacht wird. Und in den Medien sind dann wir die Bösen. Dabei mähen sie uns nieder … Du, ich muss jetzt aufhören. Ich melde mich bald.« Ohne mir die Chance zu geben, mich zu verabschieden, legte er auf. Später bekam ich Fotos von Mittagessen und Festen, von Barbecues im Sonnenschein. Ich sah sie mir immer und immer wieder an, bis ich nachts zu Bett ging und im Schein des Displays einschlief.

So oder so ähnlich liefen all unsere Gespräche ab. Manchmal telefonierten wir zweimal täglich. Meist sprachen wir über Belanglosigkeiten, erzählten uns gegenseitig, wie unser Tag so verlaufen war. Jonas berichtete bereitwillig immer wieder davon, wie wunderbar das Leben im und für den »Islamischen Staat« sei, pries die Freizeit, die Brüder und Schwestern aus aller Welt. Es klang fast so, als sei Jonas in einem internationalen Jugendcamp. Mir war natürlich bewusst, dass der »Islamische Staat« durch die Beschreibungen meines Kindes nicht besser wurde. Es handelte sich nach wie vor um eine extremistisch-religiöse Terrorvereinigung. Aber wenn ich das sage, dann rufen sie nicht mehr an, dachte ich. Also hörte ich einfach zu. Ich konnte den Gedanken nicht ertragen, den Kontakt zu meinen Söhnen wieder zu verlieren.

Lukas rief zwei Wochen nach seinem Bruder an. Sie

luden mich ein. Ein Nichtgläubiger dürfe zehn Tage zu Besuch kommen. Nichts auf dieser Welt, keine zehn Pferde, hätten mich davon abhalten können zuzustimmen. Ich buchte sofort einen Flug in die Türkei. Von Istanbul aus würde ich mit dem Auto nach Gaziantep und weiter nach Kilis fahren, die Grenze überqueren und meine Söhne in die Arme schließen.

Im Januar meldete sich Sebastian, Jonas' Schulfreund. Eine aus der Luft abgeworfene Splitterbombe hatte ihn getroffen und schwer verletzt. Teile seines Schädels fehlten und wurden aus Mangel an medizinischer Versorgung nicht ersetzt. Man nähte die Wunden einfach zu. Ich starrte auf das Foto, dass mir von ihm geschickt wurde. Man konnte deutlich sehen, an welchen Stellen Knochen fehlte. Aber er wollte bleiben. Sebastian hatte sich, trotz allem, für den IS entschieden. Bei Pascal sah es anders aus. Pascal ist Sebastians Bruder. Die Eltern der beiden sind Christen, Schwarze, beide Kinder wuchsen in Deutschland auf und fanden später zum Islam. Wie auch sein Bruder war Pascal mit Lukas, Jonas und Viviane in meinem BMW X5 in die Türkei gereist. Aber anders als sein Bruder wollte Pascal nicht nach Syrien. Er sei in der Türkei geblieben, erzählte er uns. Und er wollte dringend nach Hause.

Im Februar 2015 machten mein Übersetzer Mehmet und ich uns auf den Weg. Auch Pascals Vater war Teil unserer kleinen Reisegruppe. Und es gab noch einen Grund für unseren Aufbruch: Die deutsche Polizei hatte mir mitgeteilt, dass mein Auto gefunden worden war.

4. VERPASSTE GELEGENHEITEN

Die Straßen waren trocken, doch es roch nach Schnee, als wir das Restaurant durch die Glastür betraten. Es war kurz vor Weihnachten 2014, meine Söhne waren seit ungefähr zwei Monaten fort. Noch wussten wir nichts von Sebastians Verletzung, Pascals Wunsch, heimzukommen oder davon, dass mein Auto gefunden worden war.

Der Kellner begrüßte uns herzlich, während ich Ursula den Mantel von den Schultern nahm. Laura, eine gute Freundin von Jonas' Freundin Maria, und Jolene, die bis zu seiner Abreise mit Lukas zusammen gewesen war, begleiteten meine Frau und mich zum Essen. Unser Verhältnis war nach wie vor gut, irgendwie – so kam es mir jedenfalls vor – waren wir nach Lukas' und Jonas' Verschwinden in unserer Trauer, Verzweiflung und Wut sogar noch enger zusammengerückt.

Wir nahmen am Tisch in der Ecke des Raumes Platz, direkt neben einem großen rustikalen Weinregal. Die gähnende, schwarze Leere der kargen Winterlandschaft drückte gegen die Fensterfront, nur der Lichtschein aus dem Inneren des Lokals erhellte die Terrasse, Hecken und Bäume ein wenig.

»Unsere Tageskarte«, sagte der Kellner, begleitet

von einem höflichen Kopfnicken, schob das Glas mit dem Besteck beiseite und stellte eine kleine Tafel ab. »Austernpilze« und »Chicorée«, »Miesmuscheln« und »Hirsch«; die Empfehlungen klangen wunderbar. Wir machten alle brav »Ah!« und »Oh!«, lobten die hervorragende Auswahl. Mit der Zeit wurde es etwas leichter, so zu tun, als wäre man ein ganzer, vollfunktionsfähiger Mensch.

Wir bestellten, scherzten und erinnerten uns gemeinsam an vergangene Zeiten. Laura und Maria kannten sich schon seit dem Kindergarten. Jos Sinneswandel in Berlin, noch bevor er mit dem Islam in Berührung kam, hatte ja maßgeblich mit Maria zu tun. Er wollte ein geregelteres Leben führen, seine Jugendliebe heiraten, arbeiten und Kinder bekommen. Laura und Maria waren schon so lang Teil unseres Lebens, dass sie ganz natürlich auch Teil der Familie geworden waren. Der Kontakt zu Maria war abgebrochen. Aber Laura blieb uns erhalten. Das war beruhigend. Ein Bezug zum alten Leben. Ein Stück Normalität.

Lukas und Jolene waren zwei Jahre lang ein Paar, bevor er sich trennte und nach Syrien fuhr. Jolene ging auf Lukas' Schule, dort lernten sie sich kennen. Während er in Berlin bei seinem Bruder war, führten sie, genau wie Jonas und Maria, eine Fernbeziehung. Vierzehn Tage vor der Abreise schenkte er Jolene zum Abschied eine selbstgebrannte CD mit Liedern, die sie verbanden. Schon vor dem Beziehungsende war der

Kontakt zwischen den beiden sporadischer geworden und wann immer sie sich trafen, klingelte ununterbrochen sein Handy, erzählte uns Jolene später.

Jonas schien nicht ganz unbeteiligt an der Trennung der beiden gewesen zu sein. »Du musst dich von ihr trennen, sie will sich nicht zum rechten Glauben bekennen«, sagte er seinem Bruder immer wieder. Lukas traf sich dennoch weiterhin heimlich mit Jolene, wurde aber immer wieder dabei erwischt. Einmal saßen er und Jolene im Park, es war ein warmer Tag gegen Ende des Sommers, als vorbeifahrende Autos auf der angrenzenden Straße langsamer wurden und schließlich stehen blieben. Jolene fühlte sich von den Insassen, die sie auf die Entfernung nicht erkennen konnte, beobachtet. Lukas bekam währenddessen dauernd Anrufe und SMS, bis er irgendwann entnervt das Treffen abbrach. Irgendwann verließen ihn wohl der Mut und auch die Kraft, sich diesem Druck entgegenzustellen. Und was sollte er auch tun, wollte er doch seinem Bruder nach Syrien folgen, wie er ihm bislang immer gefolgt war. Jolene weigerte sich, zu konvertieren. Und irgendwie, sagte sie zwischen zwei Gabeln voll Pasta an diesem Abend, schien er deswegen sogar erleichtert zu sein. So als wäre es ihm nicht geheuer, sie der Gefahr auszusetzen. So als habe er selbst Zweifel.

Dass Lukas kurz vor seiner Abfahrt die deutsche Muslima Viviane heiratete, nahm Jolene kaum ernst. Allesamt gingen wir davon aus, dass es sich eher um eine arrangierte Heirat handelte. Viviane war die Tochter eines Deutschen und einer Marokkanerin. Ich fand die Eltern über die Polizei. Auch sie hatten ihre Tochter als vermisst gemeldet, auch sie hatten einen Abschiedsbrief bekommen. Anders als Ursula und ich waren sie nicht daran interessiert, ihr Kind zurückzubekommen. Ihre Flucht war eine Schande, und damit hatte sie in der Familie nichts mehr zu suchen. Ich habe bis heute nur ein Foto von ihr gesehen.

»Luke, es kann doch nicht sein, dass mein Sohn verheiratet ist, und ich seine Frau noch nie gesehen habe«, scherzte ich bei einem unserer Telefonate. Von der Ehe wusste ich bereits eine Weile, aber auf mein höfliches Warten hin wurde mir nie ein Bild angeboten. Dann muss ich eben fragen, schloss ich.

»Na Papa, du darfst sie ja auch nicht sehen, sie ist ja meine Frau«, konterte Luke, und wir lachten beide.

»Nur ein Foto!«, bat ich und mein Jüngster gab nach.

»Ich schicke dir eins, wenn wir auflegen«, sagte er beschwichtigend.

Nach dem Gespräch starrte ich gespannt auf mein Smartphone. Ich war guter Stimmung, so wie immer, direkt nachdem eines meiner Kinder von sich hören ließ. Als ich zu vermuten begann, dass er mir das Bild nur versprochen hatte, um seinen alten Vater endlich zum Schweigen zu bringen, leuchtete das Display auf. Eine WhatsApp-Nachricht von Lukas. Und es war tatsächlich ein Foto. Ein Foto von einer komplett verschleierten Frau – von hinten. Trotz der Enttäuschung musste ich lachen.

»Da sieht man doch gar nichts!«, tippte ich kichernd und drückte auf »Senden«.

»Natürlich nicht, Papa. Aber wenigstens hast du jetzt ein Bild!«, kam prompt die Antwort.

Wir saßen schon seit einer Weile im Restaurant beisammen, aßen, tranken und erinnerten uns, als Ursulas Handy klingelte. Sie fischte das Telefon aus der Tasche, wedelte aufgeregt mit der freien Hand und deutete auf den leuchtenden Namen. »Jo« stand dort. »Mein Schatz«, sagte sie aufgeregt in den Hörer, »wie geht es euch?«

Sowohl Ursula als auch ich telefonierten täglich mit den Kindern. Es war eine kleine Prise Normalität in unserem durcheinandergewürfelten Leben. Ein Teil der Freude, wenn sie anriefen war echt, aufrichtig. Immerhin war es der einzige Weg, mit den Jungs Kontakt zu halten. Aber ein Teil der Freude war aufgesetzt, überdreht, auch damit unsere Trauer nicht hörbar wurde. Immer versuchten wir, die Gratwanderung zwischen Freude und Angst zu meistern. Freude darüber, dass unsere Kinder lebten. Angst davor, dass wir etwas Kontroverses sagten, eine falsche Frage stellten und damit wieder den Kontakt verlören. Dabei wollten wir so viele Informationen wie möglich aus ihnen rauskitzeln, um Anhaltspunkte dafür zu bekommen, wie wir sie zurückholen könnten.

Auch an diesem Abend reichten wir in diesem Wechselbad der Gefühle den Hörer herum und plauderten mit dem unverhofften Gast – es fühlte sich ein wenig an, als würde Jo hier bei uns sitzen. Nur Laura war sichtlich nervös und schien sich so gar nicht über die Überraschung zu freuen.

»Möchtest du mit Jo sprechen?«, fragte ich, weil ich dachte, ihr Mangel an Begeisterung läge eventuell daran, dass ihr das noch niemand angeboten hatte.

»Laura ist da?«, fragte Jonas erschrocken aus dem Handy.

»Ja«, erwiderte ich, mir keiner Schuld bewusst, »du möchtest doch bestimmt auch mit ihr sprechen.«

»Ich will nicht mit ihr reden«, antwortete er giftig und fügte dann hinzu, »richte ihr aus, dass sie eine Schlange ist. Sag ihr, dass sie meine Familie in Ruhe lassen soll. Sag, sie soll Maria ausrichten, dass ich mich scheiden lasse.« Jonas kochte förmlich vor Wut. Ich ließ das Telefon sinken und starrte Laura über den Tisch hinweg fassungslos an. »Laura«, sagte ich, »Maria und Jonas sind verheiratet?« Sie schwieg, senkte den Blick und betrachtete ihre im Schoß verschränkten Finger. Der Fuß, mit dem sie wippte, stieß gegen ein Tischbein, Geschirr und Besteck klirrten. Ursula und Jolene sahen sie nun ebenfalls fassungslos an. Fast vergaß ich, dass Jonas noch immer am Apparat war.

»Du bist verheiratet?«, fragte ich meinen Sohn. Laura schluckte. Die leise, italienische Musik dröhnte über ihr Schweigen hinweg. Ich legte das Telefon auf die cremeweiße Tischdecke und schaltete die Freisprechfunktion ein.

»Ja«, beteuerte mein Ältester, »wir haben geheiratet, kurz bevor ich abreiste. Sie ist auch konvertiert. Maria ist Muslima, Papa. Aber sie hatte Angst und wollte nicht mitkommen. Eigentlich sollte sie mitkommen, weißt du. Aber sie hat uns verraten.« Die Worte strömten nur so aus ihm heraus, liefen über den Tisch und fielen uns auf die Füße.

»Sie wollte mit und hat bei allen Vorbereitungen geholfen. Die Möbel verkauft, die Bausparverträge mit uns aufgelöst. Papa, wir sind hier mit 60 000 Euro hin, was meinst du denn, woher wir die hatten? Die Abschiedsbriefe haben wir ihrem Bruder gegeben, weil Maria ja mitgekommen wäre. Ich schwöre es, Papa. Das ist die Wahrheit. Und Laura hat das alles gewusst.« Er stockte kurz. »Laura, hörst du, lass meine Familie in Ruhe.«

Schlange, das war ein hartes Wort.

»Wieso nennst du Laura eine Schlange?«, fragte ich zaghaft, um die aufbrausenden Emotionen etwas zu glätten.

»Weil sie Maria immer davon abgeraten hat, zu gehen. Sie hat Maria beeinflusst. Und jetzt will sie euch beeinflussen. Erst tut sie so, als wäre sie einer Meinung mit jemandem, und dann dreht sie sich um 180 Grad.«

Dann legte er auf. Ein paar Sekunden klebten unser aller Blicke noch an dem schwarzen Display. Laura räusperte sich.

»Das stimmt so nicht«, begann sie mir leiser, brüchiger Stimme.

»Die beiden sind nicht verheiratet?«, fragte ich barsch. Ich verstehe nicht, wie sie uns so etwas verschweigen konnte. Wie sie vom Vorhaben meiner Söhne hatte wissen und es für sich behalten können.

»Nein«, flüsterte die junge Frau, ohne den Blick zu heben. Er lag noch immer neben den Vorwürfen bei ihren wippenden Füßen.

»Meine Jungs haben mich in ihrem Leben ein einziges Mal belogen«, sagte ich gepresst, »und bloß, weil sie wussten, dass ich sie niemals nach Syrien gehen lassen würde.« Ich verschränkte die Arme vor der Brust.

»Na ja, also die beiden haben vielleicht schon, aber nicht, also …« Neben mir stand plötzlich der Kellner.

»Alles zu Ihrer Zufriedenheit?«, fragte er mit italienischem Akzent und einem Lächeln, das seine Zähne entblößte. Ich nickte.

»Alles prima«, sagte ich und lächelte recht gezwungen zurück. Laura atmete tief aus. Es war ziemlich voll für einen Abend unter der Woche. Die Gesellschaft am

Nebentisch lachte unisono auf, als unser Kellner sich ihnen zuwandte und über Weine scherzte. Ein guter Witz, dachte ich. Meine Miene blieb versteinert.

»Sie wollte nie so richtig mit«, sagte Laura schließlich mit etwas festerer Stimme, »also es stimmt schon irgendwie so, aber eigentlich wollte sie nie mit. Sie ist auch zurückkonvertiert, sie glaubt gar nicht an Allah und so. Keiner weiß das. Nur ich. Ich habe nicht geglaubt, dass Jonas wirklich fährt. Maria auch nicht. Sie wollte ihn nur retten. Und als sie dann weg waren, konnte ich ja schlecht, also ich war mir wirklich ganz sicher, sie würden nicht fahren oder ganz schnell zurückkommen. Man sieht ja, wie schlimm da unten alles ist. Auf jeden Fall bin ich keine Schlange.« Das erste Mal, seit das Telefon klingelte, sah sie mich an, dann Jolene, dann Ursula. In ihren Augen lag etwas Flehendes, so als wolle sie um Verzeihung bitten, ohne ihre Fehler einzuräumen. Ich lehnte mich vor.

»Laura, wieso hast du uns bloß nichts gesagt? Wenn du Angst hattest und wusstest, wie gefährlich das alles ist, wieso hast du uns nicht sofort informiert?«

»Ich habe euch doch schnell Bescheid gesagt«, verteidigte sie sich, »gleich, als ich gemerkt habe, dass sie wirklich nicht wiederkommen. Maria wollte das nicht. Aber ich fand es richtig. Warum habt ihr euch denn nicht eher eingeschaltet?« Trotzig blickte die junge Frau in die Runde.

»Wie denn, wir wussten doch überhaupt nicht, was

die Kinder vorhaben!«, donnerte ich zurück. Ursula zog eine Augenbraue hoch, Jolene stocherte verlegen in ihrem mittlerweile sicher eiskalten Gemüse.

»Nur weil sie Muslime wurden, denke ich doch nicht, dass sie nach Syrien gehen. Ich habe sie gefragt, sie haben gesagt, es käme ihnen nie in den Sinn. Ich bin mit ihnen in die Moschee gegangen, ich habe mir alles angesehen. Muslime sind doch nicht per se Islamisten. Ich konnte meine Söhne doch nicht präventiv einsperren.« Ich schüttelte den Kopf. »Aber du hast es gewusst, wie weit sie schon waren, dass sie nach Syrien wollten, und es einfach geschehen lassen. Das kann ich dir nie verzeihen.« Das, was Laura in den Augen meines Sohnes zu einer Schlange machte, empfand ich natürlich anders. Ich war froh, dass sie mit Maria gemeinsam versucht hatte, die beiden von der Abreise abzuhalten. Aber dass sie uns, den Eltern, so lange nichts davon erzählte und bis heute Geheimnisse vor uns zu haben schien, traf mich hart. Im Grunde waren Jonas und ich aus genau gegensätzlichen Gründen wütend.

»Ich denke, wir sollten zahlen und gehen«, brach Ursula ihr Schweigen. Sie nahm die Stoffserviette vom Schoß und legte sie auf ihren halbvollen Teller. Jolene schluchzte.

»Ich mach mich kurz frisch«, sagte sie und stand auf.

»Es muss doch jetzt nicht so auseinandergehen«, bat Laura und sah zwischen Ursula und mir hin und her.

»Doch, ich fürchte, genau das muss es«, sagte ich und winkte dem Kellner zu. Als er herüberkam, spürte er die Spannung und beschloss, dass wir an diesem Abend kein gutes Publikum für Weinwitze waren. Dankbar darüber, keine Heiterkeit heucheln zu müssen, fragte ich nach der Rechnung. Danach sprachen wir alle kein Wort mehr miteinander. Stumm half ich Ursula in ihren Mantel. Auf der Straße trennten sich unsere Wege. Wir bemühten uns noch um einen höflich-distanzierten Abschied, aber ein Band war zerbrochen.

Ob es nun fair ist oder nicht, insgeheim machte ich Laura für das gelungene Abhauen meiner Kinder mitverantwortlich. Obwohl mir natürlich klar ist, dass es ganz allein ihre Entscheidung war, nach Syrien zu gehen. Und dass Laura wohl die Letzte ist, die man für die Radikalisierung meiner Kinder verantwortlich machen kann. Doch das Schweigen wiegt so schwer. Als trauernder, wütender Vater lebt man häufig im Hätte, Wäre, Wenn. Immer wieder bohrt es in mir: Was wäre gewesen, wenn sie uns früher informiert hätte? Wäre es möglich gewesen, die Jungs von ihrem Plan abzubringen? Hätte es in den Augen von Jonas und Lukas überzeugende Argumente gegen die Reise gegeben? Und wenn ja, wären sie mir eingefallen? Ich denke, die Antwort auf diese Fragen hängt untrennbar mit ihren Beweggründen zusammen.

5. WARUM?

Menschen stellen mir viele Fragen, sobald sie erfahren, dass meine Kinder zum »Islamischen Staat« in Syrien gegangen sind. Am häufigsten fragen sie nach dem Warum. Und ehrlich gesagt ist es auch genau die Frage, die mich selbst am meisten umtreibt.

Meinen Kindern hat es nie an etwas gefehlt. Das meine ich jetzt nicht nur finanziell. Natürlich fanden die beiden es immer toll, wie exklusiv unsere Wohnungen und Häuser, wie aufregend unsere Urlaube und wie gut bestückt ihre Kinderzimmer waren. Aber Geld allein macht nicht glücklich.

Neben diesem Mittelstandsluxus hatten wir eine enge und liebevolle zwischenmenschliche Beziehung. Der Kontakt zwischen meiner Frau und mir war wie gesagt auch nach unserer Trennung gut, es gab quasi kein böses Blut in der engeren Familie. Der Freundeskreis meiner Söhne war groß, und beide waren in für ihr Alter dauerhaften und glücklichen Beziehungen.

Die Kirche spielte in unserem Leben keine große Rolle, aber irgendwie war Religion doch präsent. Sie waren getauft und konfirmiert, hatten schon die ein oder andere Kirche von innen gesehen, und Oma bestand darauf, dass vor dem Essen gebetet wurde. Religion war kein ihnen fremdes Konzept. Ich frage mich manchmal, ob ihnen das lasche religiöse Leben den Einstieg erleichtert hat. Ob es besser gewesen wäre, sie entweder gar nicht an Religion heranzuführen, oder sie intensiv christlich zu erziehen. Religion soll den Menschen Halt geben, aber wie viel Halt gibt sie zwei Jugendlichen, wenn sie ihnen als Larifari-Christentum präsentiert wird?

In ihrem Abschiedsbrief schrieben sie: »Und wisset, dass ich Euch beide liebe und Ihr immer meine geliebten Eltern bleibt. Und ich weiß, o Papa, dass Du immer alles für uns gemacht hast, so dass es uns gutgeht und wir Essen haben, und ich weiß, o Mama, dass Du immer für uns da warst. Ich möchte Euch sagen, dass ich durch Euch die schönste Kindheit hatte, die ich mir vorstellen kann, und ich werde Euch dies nie zurückgeben können.«

Weiter heißt es einige Absätze später: »Ich möchte Euch sagen, ich bin für meinen Herrn gegangen, um in Ehre und seinem Wohlgefallen zu leben, gegen die Ungerechtigkeit auf dieser Welt aufzustehen, in Furcht vor seiner Bestrafung und in Hoffnung auf seine Belohnung.«

Und: »Allah, der über alles Erhabene, leitete uns recht und führte uns in das schönste Licht aus der Dunkelheit heraus. Er ehrte uns mit seiner Gnade und Barmherzigkeit, so dass wir uns hier, wo wir den Islam nicht richtig praktizieren können, nicht mehr wohl, ja, sogar eingeengt und unterdrückt fühlen. So machten wir uns los, für Allahs Wohlgefallen.«

Kein Wort verloren sie je über Kriege, Kämpfe und das Abschlachten Ungläubiger. Die westlichen Medien stellen die Situation in Syrien verzerrt da, dessen waren Jonas und Lukas sich sicher. Eine Verschwörung und böse Machenschaft derjenigen, die im Westen gegen den Islam hetzen. In Wahrheit ginge es dem »Islamischen Staat« nur darum, die Menschen auf den rechten Weg aufmerksam zu machen und ihren Glaubensbrüdern zu helfen, die seit langer Zeit von amerikanischen und europäischen Truppen missbraucht und getötet würden.

Natürlich habe ich Jonas und Lukas auch selbst gefragt. Und ihre Antwort war bestürzend naiv. Sie wollten niemals kämpfen. In den Krieg ziehen und Menschen hinrichten, das war nicht ihre Vorstellung von einem guten, gottesfürchtigen Leben.

»Unsere muslimischen Brüder und Schwestern brauchen unsere Hilfe«, erklärten sie mir immer wieder. »Wie können wir daheim wie die Made im Speck leben, wenn hier unten unsere Leute ermordet werden?« Die mediale Gehirnwäsche des IS schlug bei meinen Kindern voll an, vielleicht gerade weil sie so behütet und glücklich aufgewachsen waren. Nach all dem Wohlstand, der ihnen im Leben bisher beschert worden war, fühlten sie sich schuldig.

»Warum sollen wir besser leben als unsere Brüder

und Schwestern?«, fragte Jonas mich einmal. »Wie sollen wir wegsehen, während sie Tag für Tag sterben?« Systematisch hatten Hassprediger in der Moschee, die sie besuchten, und Propagandavideos, die sie im Internet sahen, meinen Kindern eingeredet, dass es ihre Pflicht sei, nun den weniger Glücklichen zu helfen. Dass es nur in Syrien möglich sei, den Islam wie ein aufrechter Muslim zu praktizieren, halte ich für die Motivation meiner Söhne, sich dem IS anzuschließen, für zweitrangig. Das schlechte Gewissen wog schwerer.

Die Taktik des »Islamischen Staates« scheint zu sein, sich auf den Hintergrund der Angesprochenen zu verlassen und dort anzusetzen, wo die Menschen am leichtesten abgeholt werden können. Stark radikalisierte, eventuell in den Islamismus schon hineingeborene junge Menschen kann man mit Gewalt und Rache locken. Jugendlichen aus der westlichen Welt einzureden, ihr Wohlstand sei eine Sünde im Angesicht ihrer sterbenden Mitgläubigen, funktioniert wesentlich besser als das Predigen des Dschihads. Kinder und Frauen brauchen eure Hilfe, heißt es. Ich bin felsenfest davon überzeugt, dass Jonas und Lukas genau das im Sinn hatten. Nur deswegen hätte ich sie fast zurückbekommen. Wäre nicht alles furchtbar schiefgelaufen. So furchtbar, furchtbar schief.

6. DAS TEEHAUS AM ENDE DER WELT

Mehmet lernte ich durch die Reise erst kennen. Als die deutsche Polizei mich über das Auftauchen meines Wagens informierte und ich den Wunsch bekundete, es abzuholen, riet man mir dazu, sämtliche Papiere auf Türkisch übersetzen zu lassen. Mehmets Chef in einem Frankfurter Hotel war in den letzten acht Jahren, in denen ich gern und oft als Gast dort verweilte, ein guter Freund geworden. Auf meine Frage, ob er jemanden kenne, der die Übersetzung übernehmen und mich begleiten könne, schlug er sofort Mehmet vor.

Wir drei Männer, Mehmet, Pascals Vater Jakob und ich, machten uns also gemeinsam zu Land und Luft auf den langen Weg nach Gaziantep, in die Eineinhalb-Millionen-Einwohner-Stadt vierzig Kilometer von der syrischen Grenze entfernt, in der mein Auto verwahrt wurde.

In Istanbul legten wir aus zwei Gründen einen Zwischenstopp ein. Erstens gibt es keine Direktflüge nach Gaziantep. Und zweitens sollte sich Pascal hier aufhalten. Wir debattierten gerade, ob wir ihn besser auf dem Rückweg mitnehmen sollten, während Jakob Pascals Nummer wählte. Es klang riskant, den Jungen erst näher an die syrische Grenze zu karren, bevor wir uns aus dem Staub machten. Natürlich würden wir den Jungen später den deutschen Beamten übergeben müssen, das war uns klar, aber ein türkisches Gefängnis wollten wir ihm, wenn irgend möglich, ersparen.

»Hallo, Pascal«, hörte ich Jakob sagen. Wunderbar, dachte ich, die erste Hürde ist genommen. »Wir sind jetzt in Istanbul. Kann ich dich irgendwo treffen?« Das Telefonat endete nur ein paar Sekunden später.

»Was hat er gesagt?«, drängte ich neugierig.

»Es war ganz kryptisch. Er kann uns jetzt nicht hier treffen. Ich soll später anrufen.«

Wir hatten aber einen festen Termin für die Autoabholung ausgemacht, und uns blieb nichts anderes übrig, als unseren Weg nach Gaziantep fortzusetzen.

Der X5 stand auf einem Schrottplatz, sah allerdings größtenteils unversehrt aus. Die ganze Szenerie war unwirklich. So nah wie in diesem Moment war ich meinen Söhnen seit Monaten nicht. Hier, in diesem Ort, müssten sie gewesen sein. Und an einem Ort unweit von hier waren sie in jenem Moment. Ein Ort, der vermutlich ähnlich und doch ganz anders aussehen, klingen und riechen würde, und das, obwohl schon dieser Schrottplatz in Südostanatolien merkwürdig vertraut und fremd zugleich wirkte. Ein abstraktes Gefühl von Nähe und ein noch verstärkter Sinn für die Distanz zwischen uns kämpften in mir. Dem Himmel sei Dank hatte ich gar nicht viel Zeit, mich mit dem Gefühlspüree auseinanderzusetzen. Endlich hieß es, aktiv zu werden. Endlich konnte ich wirklich etwas tun. Endlich war meine Hoffnung greifbar, so greifbar wie der Sand unter meinen Schuhen.

Noch bevor wir die Polizeiwache betraten, klingelte mein Telefon. »Lukas« stand dort, und ich nahm den Anruf fast schon euphorisch entgegen. An diesem Ort mit meinen Kindern zu sprechen, nun, da wir geographisch so nah beieinander waren wie seit Monaten nicht mehr, rührte mich augenblicklich zu Tränen.

»Luke«, sagte ich schon, während ich abhob.

»Papa, hör mir zu«, wisperte er hastig. Ich nickte, obwohl er mich nicht sehen konnte. »Papa, du kannst uns nicht besuchen. Nicht jetzt. Die Grenze ist zu.«

Ich schluckte schwer. Nach all den Scherereien, all den Monaten des Wartens, sollte mich nun eine bescheuerte Grenze davon abhalten, meine Kinder zu sehen?

»Auf gar keinen Fall«, erwiderte ich. »Ich bin schon in Gaziantep. Ich komme.«

»Nein!«, rief Lukas. Dabei wurde seine Stimme kurz ein wenig lauter, doch bevor er weitersprach, besann er sich und flüsterte erneut. »Du darfst auf gar keinen Fall kommen. Bleib von der Grenze weg, hörst du?« Dann legte er auf. Tränen sammelten sich zwischen meinen zusammengepressten Lippen. Ich hatte gar nicht bemerkt, dass ich überhaupt weinte. Das Telefon klingelte noch einmal. Diesmal stand Jonas' Name auf dem Display. Noch bevor ich etwas sagen konnte, brabbelte er aufgeregt los.

»Papa, du kannst nicht zu uns kommen. Die Grenze ist zu. Du darfst nicht an die Grenze fahren, hörst du? Komm nicht an die Grenze.«

»Okay.«

»Du kommst nicht?«

»Nein, ich komme nicht. Ich werde hier warten.«

»Gut.« Jonas atmete tief aus. »Ich hab dich lieb, Papa«, sagte er leise.

»Ich hab dich auch lieb«, krächzte ich. Dann war die Leitung tot.

Natürlich war mein Versprechen eine Lüge. Nichts und niemand würde mich davon abhalten, zur Grenze zu fahren. So viel stand fest.

Es war kalt, ein Umstand mit dem man unfern der syrischen Grenze als Mitteleuropäer eigentlich nicht rechnet. Wir saßen mit Zivilpolizisten in einem winzigen Kämmerchen und ließen uns gerade Tee nachschenken, als ein junger Türke mit zwei großen Aktenkoffern den Raum betrat und sie sachte auf dem Tisch vor uns platzierte. Man erklärte uns, dass in den Koffern sämtliche zusammengetragene Unterlagen über alle Insassen des sichergestellten X5 gesammelt worden waren. Das Gespräch verlief überaus freundlich, soweit ich es durch die Übersetzung beurteilen konnte. Ich hinterfragte die zuvorkommende Art der Beamten auch nicht weiter. Man hört ja so viel von türkischer Gastfreundschaft, sagte ich mir und beließ es dabei – bis uns dämmerte, dass die freundlichen Polizisten nur so freundlich waren, weil sie uns für deutsche Kollegen hielten.

»Sie wollen wissen, ob ihr überhaupt Polizisten seid«, übersetzte Mehmet.

»Was?«, fragte ich irritiert.

»Die denken, ihr seid deutsche Polizisten«, murmelte Mehmet und grinste gleichermaßen belustigt wie besorgt.

»Wie kommen sie denn auf so was?«, wollte Jakob wissen. Mehmet zuckte mit den Schultern.

»Keine Ahnung«, erwiderte er, »aber irgendwas muss ich ihnen jetzt sagen. Ich würde die Wahrheit vorschlagen, aber möglichst nicht die ganze.«

»Sag, dass wir die Eltern sind. Sonst erst mal nichts. Sonst wecken wir vielleicht schlafende Hunde«, schlug ich vor und schenkte den vier türkischen Polizisten ein versöhnliches Lächeln. Mehmet und ein Beamter mit Schnauzbart wechselten ein paar kurze Sätze, bevor er sich auf Deutsch wieder an uns wandte.

»Die wollen wissen, ob ihr die Kinder selbst aus Syrien rausholen wollt.« Gespielt bestürzt, aber hoffentlich nicht zu übertrieben, schüttelte ich den Kopf.

»Das würde uns nie einfallen. Wir wissen ja gar nicht, wo die sind!«

Jakob schwitzte mittlerweile ein wenig, und ich dachte, dass es wohl schwer wird, das Wetter dafür verantwortlich zu machen. In der Türkei verhaftet zu werden kam an keiner Stelle unseres Plans vor. Ganz gelogen war das alles auch gar nicht. Noch gingen wir ja davon aus, dass Pascal in Istanbul war. Dass er mit dem IS in Verbindung gebracht und augenblicklich verhaftet werden würde, sobald ein türkischer Polizist ihn erkennt. Außerdem war sein Ausweis in dem Koffer vor uns. Clever genug, ihn einzupacken, war er also, aber nicht clever genug, ihn beim Aussteigen in Istanbul mitzunehmen.

Und ob wir Jonas und Lukas fanden, stand in den Sternen. Die deutsche Polizei hatten wir selbstverständlich informiert. Schon seit den Wohnungsdurchsuchungen im November stand ich in engem telefonischem Kontakt mit einer deutschen Polizeibeamtin, die über jeden unserer Schritte informiert wurde. Das wollte ich den Türken natürlich nicht auf den Bauch binden.

Mehmet gestikulierte wild. Die Polizisten starrten uns an. Irgendwie sahen sie betrogen aus, aber nicht so aufgebracht, als würden gleich die Handschellen klacken. Schließlich sprach ein Gedrungener, der vielleicht der Vorgesetzte der anderen war. Mehmet nickte fleißig und atmete kaum merklich tief aus.

»Sie bringen uns jetzt zu dem Wagen«, sagte er und klopfte mir auf die Schulter. Es war verwunderlich, dass sie nicht wegen meiner bröckelnden Anspannung direkt abfiel.

Wir begutachteten das Auto, unterschrieben unlesbare Papiere, stiegen ein und fuhren direkt zu unserem Hotel. Das »Divan« in Gaziantep hat fünf Sterne und sah mit seiner Marmorfassade und dem leuchtenden Vordach schon von außen beeindruckend aus. Neben dem Concierge reihten sich luxuriöse Wagen aneinander. Er nickte freundlich, als wir aus dem X5 kletterten.

»Willkommen im ›Divan Hotel‹«, sagte er lächelnd.

Ich duschte mir den Sand von der Haut, setzte mich auf das waschmittelduftende Hotelbett und versank einige Minuten lang in meinen Gedanken. Über dem Kopfende des Bettes hing eine Zeichnung. Es waren irgendwelche Blüten. Ich bin nicht sonderlich gut im Bestimmen von Pflanzen. Sie sind schön, dachte ich, vielleicht Flieder oder Orchideen oder diese Hawaiiblumen. Auf meinem Kissen lag ein Stückchen Schokolade. Vorsichtig wickelte ich es aus dem Silberpapier und schob es mir in den Mund. Es ist verrückt, wie das Leben immer weitergeht, egal, was passiert. Als meine Söhne verschwanden, war ich sicher, dass die Welt einfach aufhören würde zu existieren. Aber nun war ich hier, an der türkisch-syrischen Grenze, sah Bilder von Blumen und schmeckte wirklich ganz köstlichen Kakao auf meiner Zunge. Trotzdem blieb alles hinter

Watte und Milchglas verborgen. Nichts war mehr so richtig echt und real und spürbar.

Ein Wassertropfen rollte meine kurzgeschorenen Haare hinab, fiel auf das weiße Leinen und riss mich aus meiner Trance. Ich zog mich an und machte mich auf den Weg in die Hotelbar. Mehmet und Jakob warteten schon. Ich bestellte einen Kaffee, rührte mit einem Löffel darin herum, wippte mit dem Fuß und starrte Löcher in die Maserung der hölzernen Tischplatte. Ein nie enden wollender Strom an Männern zog an uns vorbei. Männer in Jeans, Männer in Anzügen, Männer in Kaftanen. Sie sprachen laut, entweder miteinander oder in ein Telefon.

Am Nachmittag klingelte Jakobs Handy. Es war Pascal. Für Jakob ist das Warten bald vorbei, dachte ich, nicht ganz frei von Neid. Aber jeder Jugendliche, den wir vor den gierigen Fängen des IS bewahren können, ist ein Gewinn. Wer weiß, auf was für Ideen er in der Türkei noch käme. Jakobs Gesicht veränderte sich nach wenigen Sekunden schlagartig.

»Du bist wo?!« Augenblicklich wurde es aschfahl. Mehmet und ich tauschten einen besorgten Blick aus. »Wieso bist du in Syrien?«

Mir war sofort unangenehm, dass ich eben noch ein wenig eifersüchtig auf den armen Jakob war. Ich hörte aufgeregtes Plappern am anderen Ende der Leitung, aber Jakob war wie versteinert.

»Hier, ich rede mit ihm«, bot ich an und nahm behutsam das Handy aus seiner Hand. »Wo bist du? Hier ist Achim.« Pascal erklärte mir, dass er seit ein paar Tagen in Syrien sei.

»Ich wurde reingelegt. Unsere Brüder hier richteten mir aus, Sebastian sei tot. Seine Frau hat mir sogar einen Brief geschrieben. Ich dachte, mein Bruder sei gestorben, verstehst du? Ich bin dann sofort nach Syrien gefahren. Als ihr heute Morgen angerufen habt, war ich nicht allein. Da konnte ich nichts erzählen.« Er sprach leise und sehr schnell.

Ich wischte mir über die Stirn.

»Und jetzt?«, fragte ich ohne große Umschweife, »Jetzt kommst du nicht mehr allein raus?« Der Junge schluchzte.

»Gut, Pascal«, hörte ich mich sagen, so als sei ich in einer Art Autopilotmodus, »sag uns, wo du bist. Wir kommen morgen an die Grenze. Wir holen dich.«

Pascals Aufenthaltsort in Syrien war in der Nähe der türkischen Stadt Elbeyli. Die Fahrt dauerte eine Stunde. Unsere Fenster rahmten ewig gleichaussehende braune Landschaften. Kaffeebraune Straßen, kastanienbraune Felder, knochenbrauner Sand, schokoladenbraune Schlaglöcher. Viele Brauntöne heißen wie Nahrungsmittel, dachte ich und fragte mich, ob das bei anderen Farben auch so sei. Kleine Flecken Grün spickten die Landschaft. Je näher wir der Grenze kamen, desto grüner wurde es.

Gegen Mittag kamen wir in der Schmugglerstadt an und warteten. Jakob hatte noch einmal mit Pascal gesprochen und berichtet, dass Pascal anrufen würde, sobald er rauskommen könnte. Wir waren uns nicht sicher, wie Pascal das Kunststück anstellen wollte, aber hatten auch keine bessere Idee.

»Er wird schon einen Plan haben«, versuchte Mehmet, uns zu beruhigen, während wir in einem kleinen Teehaus in Sichtweite der Grenze Platz nahmen. Aber das Telefon klingelte einfach nicht. Wir saßen wie die Hühner auf der Leiter auf einem alten, ausgeleierten Polstersofa. Irgendwann einmal schien es mit Blumen bestickt gewesen zu sein. Es roch nach starkem Tee, Schweiß, Staub und Aftershave. Ich vertrieb mir die Zeit, indem ich mit einem anderen Gast, einem Kurden, plauderte. Ein hagerer Mann mit Schnauzbart, wortgewandt und mit rauen, großen Händen. Die Rechte ballte er immer wieder zur Faust, umschloss sie mit der Linken und rieb beide aneinander, so dass es klang wie Papier auf Papier.

Schließlich hatten wir genug von der Warterei und wählten selbst Pascals Nummer. Es war sechzehn Uhr, und langsam wurde uns mulmig zumute. »Noch ein Tee, und ich kann nie wieder schlafen«, scherzte ich, während es tutete. Jakob war mittlerweile ein Nervenbündel und kaum noch fähig, einen geraden Satz zu sprechen, geschweige denn zu telefonieren.

»Hallo?«, Pascal klang angespannt.

»Ist alles okay?«, fragte ich ohne Begrüßung.

»Ich warte auf euch. Natürlich bin ich angespannt«, antwortete der junge Mann gereizt.

»Aber wir warten doch auf dich«, verkündete ich verdutzt.

»Ihr wolltet mich anrufen, sobald ihr in Elbeyli seid«, sagte Pascal. Ich schüttelte den Kopf.

»Dann war das ein Missverständnis. Wir sind schon seit Stunden da.« Ich wechselte das Telefon in die andere Hand und schielte im Raum umher. »Geh an die Grenze. Wir regeln das jetzt.«

»Gut«, sagte Pascal und legte auf. Wieder sah ich mich um. Wie zum Teufel sollen wir den Jungen nur über die Grenze bekommen, zumal sie zu ist? In dem ganzen Trubel waren wir tatsächlich davon ausgegangen, Pascal hätte einen Plan. Die Annahme kam mir nun reichlich dumm vor. Ich lächelte den Kurden harmlos an, und er nickte dem Besitzer des Teehauses zu. Der kleine, alte Mann schlurfte zu uns herüber und wechselte einige Worte mit dem Kurden.

»Er will wissen, was wir wollen«, raunte Mehmet plötzlich. »Er hat uns den ganzen Tag beobachtet.«

»Um Himmels willen, warum denn das?«, fragte ich erschrocken.

»Wir sind drei Europäer, sprechen Deutsch miteinander, sitzen seit einer Ewigkeit auf unseren Ärschen und du hast gerade ein offensichtlich geheimes Telefonat geführt«, antwortete Mehmet, »natürlich wissen die, dass wir irgendwas vorhaben.« Für ein paar Sekunden war ich vor Angst gelähmt, dann überraschte ich mich selbst, als ich sagte: »Dann erzähl ihm, was wir wollen.« Achim, alter Knabe, bist du jetzt verrückt geworden, diesem türkischen Opa von deinen Machenschaften erzählen zu wollen, fragte ich mich. Aber anders betrachtet hatte ich nichts zu verlieren. Wenn ich Opa hier gar nichts erzählen oder hanebüchene Lügen auftischen würde, könnte er es merken. Und ohne die Hilfe der Menschen hier vor Ort würden wir Pascal nie über diese vermaledeite Grenze geschmuggelt bekommen. Die Chancen, meine Kinder zu sehen, gingen gegen null, würden aber sicher steigen, wenn ich einheimische Kontakte knüpfte. So viel mir an Leib und Leben liegen mochte – an meinen Söhnen lag mir mehr.

Mehmet runzelte die Stirn. »Was willst du sagen?«, fragte er.

»Wir sind Väter«, begann ich auf Deutsch und sah Opa tief in die schwarzbraunen Augen. »Jakobs Sohn Pascal ist dort drüben in Syrien. Meine Söhne Jonas und Lukas sind dort drüben in Syrien. Pascal ist schon auf dem Weg zur Grenze, genau hier. Er will nach Hause. Ich will meine Kinder in Syrien besuchen. Wir brauchen Hilfe. Können Sie uns helfen?« Mehmet übersetzte, ohne eine weitere Frage zu stellen. Während er sprach, erwiderte Opa meinen flehenden Blick, und eine dicke Falte schob sich zwischen seine buschigen Augenbrauen. Dann ging er weg. Verwirrt drehte ich mich zu Mehmet, doch der zuckte nur mit den Schultern. Opa stand jetzt neben einer grotesk großen silberfarbenen und filigran verzierten Teekanne und sprach mit zwei Männern Anfang zwanzig. Er zeigte auf uns, lächelte und kehrte an unseren kleinen Tisch zurück.

»Für vierhundert Euro holen sie Pascal«, übersetzte Mehmet begeistert. Jakob wühlte sofort in seiner Jacke, zog eine Geldbörse aus einer der Taschen und begann, Hunderter und Fünfziger aus einem Fach zu fischen.

»Nicht so offensichtlich«, murmelte Mehmet. Opa deutete eine Verbeugung an und zeigte auf Jakobs leere Teetasse.

»Ah!«, machte Jakob und reichte Opa die Tasse, das Geld unter dem Sockel zusammengefaltet. Opa nickte und verschwand kurz hinterm Tresen. Kein Kunststück, denn er ist so klein, dass er schon im Stehen kaum noch zu sehen war. Als er wieder auftauchte, machte er kaum merklich eine Handbewegung in Richtung der jungen Männer. Sekunden später verschwanden sie, begleitet vom Stottern ihrer Mopedmotoren.

Eine nervenaufreibende halbe Stunde später waren die Schleuser wieder da. Ohne Pascal. Sie fuhren noch drei- oder viermal hin und her. Dann kam Opa wieder an unseren Tisch.

»Die haben die Hauptverkehrsstraße dichtgemacht«,

übersetzte Mehmet, »man hat wohl gehört, hier seien ein paar Europäer, und wurde nervös. Die ganze Grenze ist zu.« Er sah uns mitleidig an und lauschte Opas Ausführungen.

»Wir sollen jetzt verschwinden, sagt er. Im Dunkeln ist es hier für Europäer, die außerdem noch nach Geld aussehen, nicht sicher.«

Ich sah mich vorsichtig im Teehaus um. In den Ecken saßen nun mehr Männer. Sie blickten grimmig drein, begutachteten uns aus dem Schatten und wurden nur vom Glimmen ihrer Zigaretten erhellt.

»Vermutlich hat er recht«, sagte Jakob geknickt. Ein wenig verloren standen wir kurz darauf auf der Straße. Es dämmerte. Ich wählte Lukas' Nummer.

»Wo seid ihr?«, fragte ich ohne Begrüßung. »Wir haben Leute, die holen euch.«

Schweigen.

»Weg von hier?«, wisperte Lukas schließlich.

»Ja«, sagte ich erleichtert. Dann war es wieder still.

»Wir brauchen einen Beweis.« Ich stutzte. Was für einen Beweis? Wie sollte ich die Existenz der Schleuser beweisen?

»Das kann ich nicht, Luke. Du musst mir vertrauen«, sagte ich flehentlich. Diesmal war die Stille noch etwas länger. Es klang, als hielte er den Hörer zu, um mit jemandem zu sprechen. Gedämpft drangen Worte an mein Ohr, aber ich konnte mir keinen Reim aus den Lauten machen. Dann sprach Lukas wieder mit mir.

»Wir sind hier am Bahnhof. Wir sind in eurer Nähe.
Ich packe meine Sachen und schnappe mir meine Frau
und komme an die Grenze. Ich ruf dich an, wenn ich
da bin. Aber es dauert eine Weile.« Dann war die Leitung tot. Ich fragte mich, wer *wir* sind und entschied,
davon auszugehen, dass er sich und Jonas meinte. Seine Frau musste er ja scheinbar noch holen.

Ich konnte mein Glück kaum fassen. Lukas wollte
raus. Ich hatte es immer gewusst, tief in mir. Aber es
jetzt bestätigt zu wissen, machte mich froher, als ich
je dachte, sein zu können. Die gleichzeitig aufkeimen-
den Versagensängste, die Sorge darum, was passieren
könnte, wenn ich ihrem Wunsch nicht entsprechen
konnte, schubste ich weit von mir. Einmal das Glück
genießen, Achim, sagte ich mir und atmete tief durch
die Nase ein, nur ganz kurz, solange es greifbar ist.

Jakob, Mehmet und ich fuhren zum Hotel, weil wir
nicht wussten, was wir sonst tun sollten. Auf den
Straßen tummelten sich mittlerweile allerhand zwie-
lichtige Gestalten, und wenn man uns jetzt überfiele,
könnten wir den Kindern gar nicht mehr helfen, wand
Mehmet ein.

Gegen Mitternacht saßen wir noch in der Lobby, als
Opa anrief.

»Sie haben Pascal!«, rief Mehmet und drückte einem völlig aufgelösten Jakob das Handy in die Hand.
Sekunden später glitt es auf den steinernen Boden.

»Das ist nicht mein Sohn«, sagte Jakob tonlos.

»Wer dann?«, fragte Mehmet ungläubig.

»Irgendein anderer Junge.« Mit diesen Worten drehte Jakob sich um und verschwand in Richtung seines Zimmers.

»Vermutlich jemand, der rauswollte und seine Chance gewittert hat«, spekulierte ich.

»Ja, vermutlich«, stimmte Mehmet mit glasigen Augen zu. Obwohl es nicht seine Schuld war, tat es ihm sichtlich leid, die falsche frohe Kunde überbracht zu haben.

Um zwei Uhr nachts schritt ich bereits seit Stunden in meinem Zimmer auf und ab, in der Hoffnung, irgendwann vor Erschöpfung und Übermüdung einzuschlafen. Eine WhatsApp-Nachricht riss mich aus meiner sturen Bahn, immer um einen kleinen Tisch herum, wie ein Tiger im Käfig.

»Wir kommen, Papa. Es ist schwer, aber wir kommen.«

Die Worte trieben vor meinen nassen Augen durch die Luft. Wenn ihnen jetzt, auf den letzten Metern, noch etwas zustoßen würde – nein. Ich war sicher. Das Schlimmste hatten wir hinter uns. Ich konnte es einfach fühlen.

Am nächsten Morgen fuhren wir in aller Herrgottsfrühe zurück nach Elbeyli. Weil wir keine Alternative hatten, gingen wir zurück zum Teehaus. Opa war schon dort und bediente die ersten Kunden. Er nickte uns freundlich zu und stellte drei dampfende Gläser Tee vor uns. Dann tippte er kurz auf einem steinalten Handy herum, hielt es sich ans Ohr, murmelte ein paar Worte und legte auf.

»Was hat er gesagt?«, fragte ich Mehmet skeptisch, doch der schüttelte den Kopf.

»Keine Ahnung, es war zu leise.«

Eine Viertelstunde später, während wir noch am ersten Tee nippten, stand er plötzlich in der Tür. Pascal fiel seinem Vater in die Arme. Beide weinten. Mehmet weinte. Ich weinte. Opa lächelte ein recht zahnloses Lächeln.

»Wir sollten gehen«, sagte Mehmet und schielte zu einer Gruppe Männer hinüber, »ich fürchte, wir erregen so doch ein wenig Aufsehen.«

Das plötzliche Auftauchen von Pascal machte mir Mut. Die ganze Fahrt zurück nach Gaziantep beschrieb der junge Mann detailgetreu, wie ihm die Flucht geglückt war.

Nach dem letzten Telefonat machte er sich auf den Weg zur Grenze. Direkt an den Übergang würde er nicht kommen, das war ihm klar. Aber er rechnete sich aus, dass seine Chancen stiegen, je näher er der Straße in die Türkei käme. Immer wieder war er gezwungen, sich vor Offiziellen, hauptsächlich Polizisten, zu verstecken. Und je länger er so ausharrte, desto mehr schwand seine Hoffnung, dass man ihn finden würde.

Seine Erzählung war so lebhaft, dass ich fast den Staub auf den Lippen spürte, in dem er Stunde um Stunde kauerte. Schließlich entdeckte er junge Männer auf Motorrollern, die so überhaupt nicht nach Polizisten aussahen. Sie sahen sich offenbar nach etwas oder jemandem um, und Pascal schloss, dass sie eventuell nach ihm Ausschau hielten. Er winkte. Wenn sie es nicht seien, würde er sagen, er habe sich verlaufen und wolle sich nach dem Weg erkundigen, entschloss er in letzter Sekunde. Doch sie waren es. Ein schwarzer Junge mit deutschem Akzent ist, dem Himmel sei Dank, auch im IS-Land noch auffällig genug. Sie überquerten die Grenze, und Pascal beschrieb uns mit gerunzelter Stirn, dass er vor Angst schwitzte wie nie zuvor im Leben. Die Schleuser sprachen auf Türkisch und Arabisch mit den Männern am Grenzposten, gaben einem die Hand. Pascal stellte sich vor, dass sie mit dem Handschlag Geld überreichten, wie im Film. Gar nicht abwegig, pflichteten wir ihm bei.

Wenn es Pascal geglückt war, könnten meine Söhne es auch packen. Aber weder Lukas noch Jonas beantworteten meine Anrufe. Es waren seit der nächtlichen Botschaft nicht gerade wenige gewesen.

Am Nachmittag saßen wir in einem Restaurant nahe unseres Hotels in Gaziantep. Pascal stocherte mit der Gabel in seinen Bohnen.

»Was passiert jetzt mit mir?« Er sprach die Frage aus, die sich niemand von uns zu stellen gewagt hatte.

»Jetzt gehen wir nach Hause«, antwortete Jakob strahlend und legte seinem Sohn die Hand auf die Schulter. Pascal sagte nichts.

»Willst du nicht nach Hause?«, hakte Mehmet nach.

»Wir müssen dich natürlich der Polizei übergeben«, fügte ich hinzu, »aber das wird schon. Du hast ja nichts gemacht.«

Pascal sah mich an und ließ sein Besteck langsam auf den Teller sinken.

»Aber ich komme nicht über die Grenze«, sagte er kleinlaut. »Ich habe doch keine Papiere. Die haben wir Idioten alle im Auto gelassen.«

Natürlich! Daran hatte im Eifer des Gefechts niemand von uns gedacht. So viele Nachrichten, Geschehnisse, Änderungen. Die Nerven zu feinem Pulver zerrieben. Die türkische Polizei würde uns die Papiere im Leben nicht aushändigen. Uns blieb nichts anderes übrig, als Pascal direkt in der Türkei in die Obhut der Polizei zu übergeben.

Wir blieben noch fast eine Woche in Gaziantep, fuhren immer wieder nach Elbeyli. Im Teehaus sagte uns Opa, dass er nicht helfen könne. Seine Schleuser könnten meine Jungs nicht finden, trotz der Fotos, die ich ihnen in die Hand drückte. Ich rief bei meinem Söhnen an – fünfmal, zehnmal, hundertmal. Niemand hob ab.

Es war, als seien meine Kinder vom Erdboden verschluckt worden. Vielleicht wurden sie abgehört, dachte ich. Vielleicht wurden unsere Gespräche belauscht, und nun saßen sie in einem IS-Gefängnis, ängstlich und hilflos. Vielleicht hatten sie es sich anders überlegt. Diesen Gedanken verwarf ich sofort wieder. Irgendetwas war schiefgegangen, und nun brauchten sie mich. Aber ich konnte nichts tun.

Ich verbrachte den Löwenanteil meiner Zeit damit, Pascal nach dem Leben dort unten zu befragen, und wurde nicht müde, immer und immer wieder Jo und Luke ins Spiel zu bringen.

»Hast du sie gesehen? Wann und wo? Wie sahen sie aus? Was haben sie gesagt?« Pascal bestand darauf, dass er meine Kinder schon seit ihrer gemeinsamen Reise nicht mehr gesehen hatte, dass er nicht wüsste, wo sie seien und wie es ihnen ginge. Der IS reiße Westler, die zusammen ankommen, gern auseinander, um sie an einer Flucht zu hindern, erklärte er uns. Außerdem war er ja erst lange nach ihnen eingereist. Nur Sebastian habe er gefunden und der sei fest überzeugt davon, bleiben zu wollen.

»Wenn sie am Telefon gesagt haben, dass sie nach Hause wollen, dann meinen sie das auch so«, beteuerte Pascal am dritten Tag nach seiner Rettung.

»Wieso bist du dir da so sicher?«, fragte ich erregt.

»Weil es lebensgefährlich ist, so etwas überhaupt in den Mund zu nehmen.«

Mein Blick glitt unweigerlich auf den schwarzen, stummen Handybildschirm.

»Lass uns selbst über die Grenze gehen und nach ihnen suchen«, sagte ich eines Abends zu Mehmet, während ich eine Pistazie aus der Schale puhlte, doch er winkte ab.

»Zu gefährlich«, sagte er und stopfte sich selbst eine Handvoll Nüsse in den Mund. Kauend fügte er hinzu: »Tot bist du deinen Söhnen gar keine Hilfe mehr.«

Schließlich blieb mir nur noch die Abreise. Pascal übergaben wir an die Polizisten in Kilis. Immerhin lag dort sein Pass in einem Koffer. Dann setzten wir uns in meinen X5 und traten den langen Weg bis nach Kassel an. Die Fahrt dauerte fast vierzig Stunden. Die meisten davon schwiegen wir.

Nach zwei Wochen lieferte die Türkei Pascal an Deutschland aus. Dort kam er in Untersuchungshaft und später zwei Monate in eine Jugendschutzanstalt, heute ist er frei.

7. DIE LOSSAGUNG

Eine Woche nach meiner Rückkehr aus der Türkei hatte ich noch immer kein Lebenszeichen von meinen Kindern. Ich rief sie an, schrieb ihnen WhatsApp-Nachrichten. Immer wieder öffnete ich die Unterhaltungen und sah hinter meinen Worten zwei blaue Häkchen. Das bedeutete, dass sie meine Mitteilungen lasen. Aber sie antworteten nicht. Beim Essen, beim Hundespaziergang, bei der Arbeit, beim Zähneputzen, kurz vorm Einschlafen und direkt nach dem Aufwachen starrte ich auf die beiden blauen Häkchen. Oft schlief ich spät ein und schreckte immer wieder auf, schaute auf mein Handy, lag im grellen Schein des Displays wach, zählte Schatten an der Decke.

Dann passierte es. Es war Viertel nach vier nachts. Im Schlafzimmer war es stockfinster, obwohl die Gardinen offen standen. Die Nacht krabbelte durchs Fenster an meine Seite und kroch mit mir unter die Decke. Ping. Das Leuchten meines Smartphones erhellte den ganzen Raum. Ich war augenblicklich hellwach. Wie im Rausch tastete ich nach dem Plastik, das Telefon fiel auf den Boden, und ich stürzte fast aus dem Bett beim Versuch, es schnell aufzuheben.

Eine WhatsApp-Nachricht von Jonas. Dann noch eine. Es waren zwei Videos. Mehr verriet mir die Vorschau im gesperrten Bildschirm nicht. Zittrig tippte ich mein Passwort ein, erst einmal falsch, dann zweimal falsch, dann richtig. Ich fühlte weder das Laken unter noch die Decke auf mir. Mein Daumen fand die richtige App, öffnete sie und presste »Play«.

Mein vormals totenstilles Schlafzimmer wurde von arabischem Gesang geflutet. Ich verstand kein Wort, natürlich nicht. Auf schwarzem Grund stand etwas in weißer, arabischer Schrift, die deutsche Übersetzung in Orange darunter.

»Ich suche Zuflucht bei Allah vor dem gesteinigten Satan.« Das Bild wechselte.

»Im Namen Allahs, des Allerbarmers, des Barmherzigen!« Dann wieder ein neues Bild, diesmal ganz auf Deutsch. Die Musik verstummte.

»Oh, die ihr glaubt, nehmt nicht eure Väter und eure Brüder zu Beschützern, wenn sie den Unglauben dem Glauben vorziehen. Und diejenigen von euch, die sie zu Beschützern nehmen – das sind die Ungerechten.« Ich sah die Worte, aber ich verstand sie nicht. Sie prallten an meiner Überraschung ab, an meiner Ekstase und meinem Aufruhr. Eine Nachricht von Jonas. Eine sehr merkwürdige Nachricht, aber besser als nichts. Oder?

Der schwarze Hintergrund und die Schrift verschwanden. Stattdessen sah ich zwei bärtige junge Männer. Sie saßen auf Steinen und Geröll. Es war nicht grau, nicht braun, nicht beige. Es war irgendwie gar keine Farbe. Eine Nicht-Farbe. Die jungen Männer trugen Mützen und Kleidung in derselben Nicht-Farbe, die auch die Umgebung hatte. Sie hatten Turnschuhe an, und einer der beiden hielt recht unbeholfen ein Gewehr in der Hand. Die beiden jungen Männer waren meine Söhne. Die Erkenntnis sickerte nur langsam in mein Bewusstsein. Jonas sprach. Er sagte etwas, aber mein Kopf konnte die Bedeutung nicht entschlüsseln. Er klang wie mein Sohn. Natürlich, die Stimme war ein und dieselbe. Aber die Melodie, die Intonation, die Aussprache – nichts davon klang wie er. Ich bekam Angst. Schreckliche Angst. Das Handy fiel wieder auf den Boden, diesmal nicht aus Hast, sondern aus Schwäche. Was passiert hier, dachte ich. Schlief ich noch? Ich blinzelte. Was tut man noch gleich, wenn man sicherstellen möchte, dass man wach ist? Man zwickt sich, fiel mir ein. Also zwickte ich mich. Ich zwickte mich, bis mein Arm und meine Finger weh taten. Ich war wach.

Mit stotternden Bewegungen bückte ich mich, hob das Telefon auf und betrachtete den schwarzen Bildschirm. Ich betrachtete ihn lange. Dann, nach einer Ewigkeit, gab ich mein Passwort ein und spielte das Video ab. Von vorn. Schwarzer Grund, weiße Schrift, arabische Gesänge. Dieselben Zitate, dieselbe Melodie. Und wieder ein Cut und meine Söhne saßen dort, winzig klein, auf meinem Handy, in der syrischen Wüste. Rechts oben in der Ecke sah ich jetzt das IS-Logo. Manchmal merkte man, dass die Aufnahme abgebrochen und wieder gestartet wurde. Das Bild wackelte, und der Wind rauschte. Lukas schwieg. Er schwieg fast die gesamte Aufnahme lang. Saß versteinert wie seine Umgebung da. Erst nach zwei Minuten des zweieinhalbminütigen Films begann er zu sprechen. Jonas fummelte währenddessen an seinen Fingern herum, senkte den Blick. Noch immer verstand ich nicht, was sie sagten, war wie hypnotisiert vom Bild. Der Ton war zweitrangig. Den Ton konnte ich nicht verstehen. Wollte ich nicht verstehen. Durfte ich nicht verstehen. Dann hörte das Video plötzlich auf.

Ich sah es ein zweites Mal an.

Ein drittes Mal.

Ein viertes Mal.

Langsam wurde es hell. Nicht nur hell vom Schein meines Smartphones, warm hell, sonnenhell. Mir war vage bewusst, dass ich schon sehr lange so dasitzen und die Nachricht abspielen musste. Ein klein wenig merkte ich, dass ich erschöpft war, müde und leer. Aber nichts davon war wichtig. Meine eben noch so leichte Decke wog zwei Tonnen. Ich konnte nicht aufstehen, nicht sprechen, nichts tun. Ich konnte nur immer wieder mit dem Daumen das Display berühren und das Video erneut abspielen.

Irgendwann merkte ich, dass ich weinte. Aber ich war nicht sicher, warum. Die Worte drangen langsam in mein Unterbewusstsein. »Lossagung«, sagten sie, »Islam« und »gegen uns«. Wie kann ich gegen euch sein, dachte ich. Wie kann ich gegen meine eigenen Kinder sein? Dann erinnerte ich mich an das zweite Video. Es begann an der Stelle, an der das erste Video abgebrochen war. Lukas sprach zu mir, dann Jonas. Ich hörte Autos vorbeifahren und den Filmenden atmen. Am Ende sang eine fremde Stimme auf Deutsch. »Wir haben uns entschieden. Wir haben uns schon längst entschieden. Für Allah und seinen Gesandten und das Leben nach dem Tod.«

Wie ferngesteuert ging ich in die Küche, schaltete die Kaffeemaschine an. Milo wimmerte, wohl weil er raus-musste. Ich öffnete die Terrassentür und setzte mich auf das große, braune Ledersofa. Dann spielte ich das erste Video ab, diesmal mit einem Funken Verstand.

»Entweder du bist mit uns oder du bist gegen uns«, hörte ich Jonas nun sagen. »Du arbeitest gegen uns, gegen den Islamischen Staat, und das bedeutet, du arbeitest gegen den Islam. Und du hast gesagt, du willst hierherkommen und uns besuchen. Willst dir alles an-gucken und mit uns reden. Aber die Wahrheit hat sich gezeigt. Du bist ein Lügner. Ich weiß nicht, ob du wirklich vorhattest hierherzukommen, aber du bist nicht hier gewesen. Du hast gesagt, du planst nichts, aber du hast geplant. Du hast gesagt, du wirst nichts machen, aber du hast gemacht. Du hast gegen uns gearbeitet, und du hast gegen den Islam gearbeitet. Du hast jemandem geholfen, hier abzuhauen. Ob diese Person freiwillig gehen will oder nicht, ist egal. Du bist es gewesen, der die Wege geebnet hat und das finanziert hat. Du hast gegen den Islam gearbeitet. Gegen unsere Religion. Entweder bist du mit uns, oder du bist gegen uns. Und du hast gezeigt, auf welcher Seite du stehst, mit deiner Tat. Und die Taten, die du vollbracht hast, die werden deine Strafe nur noch vermehren. Möge Allah dich rechtleiten. Du denkst, du bist der Held. Du bist genau das Gegenteil. Wir wollten, dass du hierherkommst, dass du dir das anguckst. Wir wollten dir die Wahrheit zeigen, aber du wolltest sie nicht. Du wolltest nicht auf deine Söhne hören. Ich glaube dir kein Wort mehr.«

Dann ergriff Lukas das Wort. »Außerdem möchte ich sagen, dass deine Taten für sich sprechen. Du hast zu uns gesagt, dass du nichts vorhattest. Und wir haben gesehen, und es hat sich herausgestellt, wie es sich durch Allah immer herausstellen wird, was du vorhattest. Und deswegen sage ich zu dir, Papa, dieses Video ist für mich und für ihn eine Lossagung von dir. Wir sagen uns los, weil du gegen uns arbeitest.«

»Gegen den Islam«, warf Jonas ein.

»Gehen den Islam und gegen uns, weil wir Muslime sind. Wir bezeugen: *Lā ilāha illā 'llāh*. Es gibt nur einen anbetungswürdigen Gott. Und zwischen uns wird so lange Feindschaft herrschen, bis du dies auch bezeugst. Und wenn du dies nicht bezeugst, herrscht Feindschaft bis zu unserem Tode.«

Mit schweißnassen Fingern öffnete ich das zweite Video. Lukas sprach weiter.

»Bis zu unserem Tode arbeitest du gegen uns und wir gegen dich, wenn du es so willst. Aber wir werden nicht aufhören, auch wenn du unser eigener Vater bist. Jeder Bruder hier im Islamischen Staat, jeder Muslim ist mir lieber als du selber, obwohl du mein eigener Vater bist. Warum? Weil du gegen den Islam arbeitest. Jeder einzelne Bruder ist mir lieber als du. Auch wenn du mein Vater bist.« Eine kleine Pause. Ich versuchte, durch meine Tränen hindurch irgendetwas auf meinem Handy zu erkennen, aber ich sah nur einen Brei aus Nicht-Farbe. Ich blinzelte, und eine Träne fiel auf das Display. Dann sagte Jonas wieder etwas.

»Du gibst Geld aus, um Leute auszuspionieren, und du gibst Geld aus, um Leute hier rauszubringen. Du gibst Geld aus, deinen Schweiß und dein Blut steckst du in diese Arbeit. Aber diese Arbeit wird dich nur vernichten. Zwischen mir und dir ist Feindschaft. So lange, bis du bezeugst, dass es nur einen anbetungswürdigen Gott gibt und dass Mohammed sein Diener und Gesandter ist.« Ein Schnitt. Dann sagte Lukas: »Allah sagt: Sie geben aus, und sie geben aus. Doch am Ende werden sie es bereuen. Und mit dem Ende ist entweder das Ende hier auf dieser Welt gemeint, dass du siehst, dass deine Ausgaben nichts gebracht haben. Weil wir *Insha-'Allāh* hierbleiben und nie wieder zurückkehren. Oder du begreifst es erst nach deinem Tod, am Tag der Auferstehung. Da wirst du deine Taten sehen. Wie sehr sie dir geholfen oder geschadet haben. Du hast Geld und Geld gibst du aus, gegen den Islam.«

Jonas fügte hinzu: »Du arbeitest nicht gegen uns. Du arbeitest auch nicht gegen den Islamischen Staat. Du arbeitest gegen deinen eigenen Schöpfer, der dich erschaffen hat, der dir das Leben gegeben hat und der dich jeden Tag versorgt und dich noch leben lässt.«

Lukas nickte und sprach weiter: »Er hat dir dieses Geld gegeben, was du gegen uns verwendest, was du gegen den Islam verwendest. Und er, der Erhabene, wird dich fragen, am Tage der Auferstehung: Wofür hast du dein Geld verwendet? Und dann wirst du sagen, weil du nicht anders kannst: O Allah, ich habe es gegen dich verwendet, gegen deine Religion. Und dann erwartest du, wenn du diese Taten nicht hier auf dieser Welt bereust, dass dir vergeben wird? Das wirst du dann sehen. Aber du wirst ausgeben, ausgeben und am Ende bereuen. Und dann in deine eigenen Hände beißen, am Tage der Auferstehung. Weil du ins Feuer gebracht wirst, wenn du diese Taten nicht bereust und wenn du nicht bezeugst, dass es keinen anbetungswürdigen Gott gibt außer Allah und dass Mohammed sein Diener und sein Gesandter ist.« Nach einer weiteren kurzen Pause flüsterte Jonas schon fast: »Und alles Lob gebührt Allah, dem Herrn der Welten, und Segen und Frieden seien auf seinem Propheten Mohammed und seiner Familie und seinen Gefährten und allen, die ihm folgen, bis zu *Yaum al Qiyama*.« Gesang. Ende.

Ich ließ mich gegen die Rückenlehne der Couch sinken und versuchte, mir einen Reim aus allem zu machen. Die Worte kreisten wie Krähen um meinen Schädel. Was hatte ich nur angerichtet? Wie hatte das passieren können? Wie konnten meine eigenen Kinder mich weniger lieben als eine Religion, die sie erst vor Monaten für sich entdeckt hatten? Nichts ergab wirklich Sinn.

Ich kippte meine volle, mittlerweile kalte Tasse Kaffee in den Ausguss, nahm mir Stift und Papier von der Anrichte, brühte frischen Kaffee auf und lauschte den Videos zum millionsten Mal.

Vor einer Woche hatten sie noch gewollt, dass ich sie raushole, wie Pascal. Oder war das eine Falle gewesen? Hatte man sie gezwungen, dieses Video aufzunehmen? Oder hatte ich mich tatsächlich so in meinen Kindern getäuscht? »Ich weiß nicht, ob du wirklich vorhattest hierherzukommen, aber du bist nicht hier gewesen«, sagte Jonas in dem Video. Dabei waren es doch die beiden gewesen, die mir gesagt hatten, ich solle das Risiko nicht eingehen. Verlor ich nun langsam den Verstand?

Das ganze Gerede über meine gerechte Strafe von Allah interessierte mich nicht. Es berührte mich in keiner Weise. Ich glaube an keinen Gott, also glaubte ich auch nicht daran, dass mich einer strafen wird. Die Lossagung von mir hingegen stach mitten ins Herz. Ich konnte es, ich wollte es nicht glauben. Die vollkommen leere Mimik, die nervöse Gestik, das mechanische Sprechen. Der Hilferuf, während ich noch in der Türkei gewesen war. All das passte besser zusammen als dieses plötzliche totale Abwenden von mir.

Sorge bäumte sich in mir auf und schob die Trauer aus meinem Kopf und meinem Herzen. Meine Kinder brauchten mich. Das war keine Lossagung. Das war ein versteckter Hilferuf. Und die Hilfe sollten sie bekommen.

8. DIE TODESNACHRICHT

Nach der Lossagung hörte ich nichts mehr von Jonas und Lukas. Zu Ursula bestand nach wie vor Kontakt. Für sie hatte sich nichts geändert. Die Kinder schrieben ihr Nachrichten, telefonierten mit ihr. Ich wagte nicht, diesen Umstand zu kommentieren und meine Kinder um dieselbe Behandlung wie die Mutter zu bitten, aus Angst davor, dass sie auch den Kontakt zu meiner Exfrau noch abbrechen könnten.

Am 25. März, knapp einen Monat nach den Videos, summte mein Handy wieder. Jonas, blinkte es mir entgegen. Es war neun Minuten nach Zwölf. Ich stand auf einer Baustelle in Kassel.

»Bernd!«, sagte ich aufgebracht zu meinem Angestellten, der gerade neben mir in ein Klemmbrett vertieft war. »Bernd, Jo hat sich endlich gemeldet!« Bernd strahlte.

»Ach Mensch, Achim, wie schön.« Er nahm mich in den Arm, das Plastik unserer Jacken machte beim Aneinanderschrabben ein komisches Geräusch.

»Na, nun mach sie schon auf!«, drängte Bernd und klopfte mir freundschaftlich auf die Schulter. Ich nickte eifrig und öffnete die Nachricht. Kein Video diesmal, sah ich erleichtert.

»Es gibt keine Gottheit außer Allah, dem Einzigen, der keine Partner hat. Sein sind die Herrschaft und das Lob, und er ist über alle Dinge mächtig.« Nun gut, dachte ich, dieses Geschwurbel kannte ich zur Genüge, aber ich wollte mich davon nicht mehr stören lassen, solange meine Kinder bloß wieder mit mir sprechen. Ich las weiter.

»Hallo Joachim«, merkwürdig, Joachim, so nannten meine Kinder mich nie, »deine ehrenwerten Söhne Kalil (Jonas) und Tahir (Lukas) haben sich dafür entschieden, das Wort Allahs *subhana wa ta'ala* das Höchste zu machen.« Ich schaute verwirrt auf. Diese Nachricht war gar nicht von Jonas, sie sprach über ihn. Waren meine Jungs in Gefahr? Lag ich mit meinem Bauchgefühl doch nicht falsch? Hatte man sie weggesperrt, weil ich sie rausholen sollte? Da war noch so viel mehr Text, sah ich nun. Es wird sicher erklärt werden. Vermutlich wollte man Lösegeld. Ja, das würde es sein.

»Sie sind der absoluten Pflicht nachgekommen, das Kalifat unter dem ehrenwerten Kalifen Abu Bakr Al-Bagdadi zu unterstützen. Durch die Barmherzigkeit Allahs *subhana wa ta'ala* haben Muslime weltweit die Chance, ungestört unter dem Gesetz Allahs *subhana wa ta'ala* zu leben, frei von Unterdrückung, Diskriminierung und Gewaltangriffen. Für all das und aufgrund des erstrebenswertesten Ziels eines jeden Muslims, *Jannah al Firdaus al Alaa* zu erreichen, sind deine Söhne gefallen.« Meine Söhne waren was? Gefallen?

»Bei der Verteidigung ihrer Brüder und Schwestern im Glauben wurden sie am selben Tag niedergeschossen.« Erschossen. Tot. Meine Söhne waren tot. Ich sagte nichts.

»Achim?« Die Stimme drang nur dumpf zu mir. »Achim? Hey. Achim. O Gott. Achim. Was ist passiert?«

Ich spürte, dass unter mir Boden war. Unter meinen Füßen, meinen Beinen, meinen Armen. Überall war Boden. Ich glaubte, es sei staubig. Ich glaubte, der Staub vermischte sich auf meinem Gesicht mit Salzwasser. Unter meinem Gesicht war auch Boden. Mein Herz hämmerte gegen ihn, als wollte es mir ein Grab schaufeln. Irgendetwas hob mich auf, ich musste also liegen. Es war Bernd, erkannte ich nun.

»Bernd«, sagte ich, und Staub und Tränen und Rotz liefen mein Gesicht hinab in meinen offenen Mund, »Bernd, sie sind tot.«

Bernd versuchte verzweifelt, mich zur Besinnung zu schütteln, so lange, bis es schließlich wenigstens ein bisschen funktionierte.

»Was ist los?« In seinen Augen sah ich, dass er wusste, was los ist. Er fragte trotzdem, vermutlich, weil es nichts gibt, was er sonst hätte sagen können.

»Sie sind tot«, wiederholte ich dumpf. Noch immer rannen Tränen meine Wangen hinunter.

»Wer sagt das?«, fragte Bernd, wohl in der Hoffnung, die Quelle sei unsicher.

»Die Nachricht kam von Jonas' Handy«, sagte ich und fügte hinzu, »wir müssen Ursula anrufen.«

»Lass mich erst mal sehen«, forderte er. »Hast du sie schon ganz gelesen?«

»Ich weiß nicht. Nein. Ich glaube nicht.«

»Wollen wir es gemeinsam probieren?« Zwischen Bernds Augenbrauen saß eine kleine Sorgenfalte.

»Okay«, willigte ich ein und sammelte mein Telefon aus dem Sand. Wir lasen.

»Erschossen. Puh. Ja. Das klingt übel.« Bernd kratzte sich den fast kahlen Kopf. »Aber es geht ja noch weiter. Lass uns weiterlesen.«

»Möge sie das Wohlgefallen Allahs *subhana wa ta'ala* treffen.

Allahumme amin!

Möge Allah *subhana wa ta'ala* sich ihren Seelen in Barmherzigkeit annehmen.

Alahumme amin!

Möge Allah *subhana wa ta'ala* ihr Glaubensbekenntnis annehmen.

Alahumme amin!

Möge Allah *subhana wa ta'ala* ihnen all ihre Sünden verzeihen.

Alahumme amin!

Möge Allah *subhana wa ta'ala* sie von der Befragung im Grab befreien.

Allahumme amin!

Möge Allah *subhana wa ta'ala* ihnen ihr Buch in die rechte Hand geben.

Allahumme amin!

Möge Allah *subhana wa ta'ala* ihre guten Taten bis zum Tag der Auferstehung vervielfältigen.

Allahumme amin!

Möge Allah *subhana wa ta'ala* ihre Wunden am Tag der Auferstehung leuchten lassen.

Allahumme amin!

Möge Allah *subhana wa ta'ala* sie in *Jannah al Firdaus al Alaa* eintreten lassen.

Allahumme amin!

Möge Allah *subhana wa ta'ala* uns mehr Brüder mit den edlen Eigenschaften von Kalil und Tahir gewähren.

Allahumme amin!

Von Allah *subhana wa ta'ala* kommen wir, und zu Allah *subhana wa ta'ala* kehren WIR zurück.«

»Nicht sehr aufschlussreich«, schloss Bernd. Dann zeigte er mit einem dreckigen Finger auf das Display.

»Es geht noch weiter!«, flüsterte ich.

»Nur ein persönlicher Ratschlag an dich: Tu deinen Kindern einen letzten Gefallen und verschon sie diesmal von der ekelhaften deutschen Presse.«

Bernd fuhr. Ich wählte vom Beifahrersitz aus Ursulas Nummer.

»Du hast die Nachricht auch bekommen?«, fragte sie direkt, ohne ein Hallo.

»Ja«, antwortete ich, »ich vermute, dir hat niemand geraten, nicht mit der Presse zu sprechen.«

»Widerliches Pack«, fauchte meine Ursula. »Als würden wir auch nur ein Wort glauben.« Ich krallte mich in der Armlehne fest. Meine Stirn lehnte an der Fensterscheibe und hinterließ kleine Schweißstaubkunstwerke.

»Du glaubst ihnen nicht?«

»Kein Wort. Meine Kinder leben.« Ihre Stimme klang fest.

»Melde dich, wenn es etwas Neues gibt.«

»Du auch.«

Wir schwiegen ein paar Momente gemeinsam, dann legte sie auf. Die Landschaft zog an mir vorüber. Mittlerweile war es grün draußen, bestimmt sangen hinter den verschlossenen Fenstern Vögel. Auf den Bürgersteigen tummelten sich Menschen, die meisten von ihnen trugen bunte Tüten. Eine blonde, zierliche Frau schob einen Kinderwagen, drei Halbstarke bedienten sich an einer in ihre Mitte gehaltenen Schachtel Zigaretten, ein zotteliger Hund zog sein Herrchen von Grünfläche zu Grünfläche.

»Meinst du, Mütter spüren, wenn ihren Kindern etwas passiert?«, fragte ich unvermittelt. Bernd überlegte kurz, dann antwortete er.

»Ja. Ja, das glaube ich.«

Als wir im Büro ankamen, wussten schon alle Bescheid. Ich war mehr oder minder überrascht, dass wir überhaupt zu meinem Büro gefahren waren. Mir fiel auf, dass ich nie gefragt hatte, wohin Bernd mich bringen würde.

»Hat Ursula angerufen?«, fragte ich verwirrt, als meine Sekretärin Hannah mir schluchzend um den Hals fiel.

»Was? Nein.« Sie schniefte. »Hast du von Sebastians E-Mail gehört?«

Meine Beine wurden butterweich.

»Was für eine E-Mail?«, fragte ich widerwillig und wieder war ich den Tränen nah.

»Sebastian hat eine E-Mail geschrieben«, presste Hannah zwischen bebenden Lippen hervor. Sie war nur ein paar Jahre älter als Jonas, Sebastians Jahrgang. Die beiden waren fast ihre gesamte Schulzeit lang in einer Klasse und derselben Clique gewesen. Sie war die Einzige, die ihn vor seinem Übertritt in den Islam und die schleichende Radikalisierung gewarnt hatte.

Die Bilder an der Wand tanzten vor meinen Augen. Ich ließ mich in meinen Schreibtischstuhl fallen.

»Er sagt auch, sie sind tot?«, fragte ich und hielt mir die Hand vor den Mund, um nicht auf den Boden zu erbrechen.

»Auch?«, fragte Hannah irritiert. Ich zeigte ihr die Nachricht mit der Todesanzeige. Die junge Frau klammerte sich so sehr an den Rand meines Schreibtisches,

dass die Knöchel unter der dunklen Haut hell hervor-
traten. Ich las die E-Mail.

»*As-salāmu ʿalaykum*, Achim. Deine Söhne sind in einen Hinterhalt geraten. Sie sind beide tot. Von Russen
durchlöchert. Ich muss jetzt los und Bananen kaufen.
Sebastian.«

»Bananen kaufen«, sagte ich zuerst empört, dann
zunehmend belustigt. »Wirklich? Bananen kaufen?«

»Achim, wieso lachst du?«, fragte Hannah schockiert. Mittlerweile war mein Schmunzeln zu einem
stattlichen Lächeln herangewachsen.

»Das ist doch nicht echt. Hast du ihn mal gefragt,
woher er das hat? War er dabei oder was? Und geht
jetzt Bananen kaufen?« Ich kicherte wieder.

»Das ist ein Spiel.« Meine eisblauen Augen leuch-
teten. »Meine Söhne leben. Sie haben ihnen scheinbar
das Handy abgenommen, aber die haben Angst vor
uns. Die haben jetzt gesehen, wir kriegen Leute raus.
Und natürlich wollen die nicht, dass wir noch mehr
rausholen. Deswegen soll ich denken, sie sind tot.«

Hannah sah mich skeptisch an. Für mich gab es keinen Zweifel. Der IS hatte sich damit wahrlich keinen
Gefallen getan. Die SMS hatte ich ihnen abgekauft,
aber diese E-Mail war eine Farce. Die Verabschiedung
hielt ich tatsächlich für eine versteckte Botschaft von
Sebastian. Der Junge war offenbar gezwungen worden, diese Nachricht zu schreiben, brachte es aber
nicht übers Herz, mir glaubwürdig zu vermitteln, mei-

ne Kinder seien gestorben. Würde es stimmen, hätte er genug Anstand, eine vernünftige Mail zu verfassen. Also schrieb er diesen Blödsinn und hoffte, dass ich seinen Plan durchschauen würde. Und ich durchschaute ihn.

»Ich bin mir sicher. Ich bin so dankbar für diese E-Mail, Hannah. Und Ursula glaubt denen auch kein Wort.«

»Ursula weiß es auch schon?«

»Sie haben das allen geschrieben«, erklärte ich, »und ich finde es immer unglaubwürdiger. Komm, wir trinken auf den Schreck alle erst mal einen Kaffee.«

Bernd, der die ganze Zeit schweigend in der Tür gestanden hatte, meldete sich zu Wort.

»Chef, das wird schon«, sagte er, und ein kleines Lächeln huschte über sein Gesicht.

9. OPAS FÄHRTE

Krokusse und Maiglöckchen spicken den Rasen im Garten. Milo schnuppert an den Blumen, findet einen kleinen Ast und bringt ihn mir.

»Für mich?«, frage ich. »Wie lieb.« Ich grinse den schwanzwedelnden Riesenhund an. Dann werfe ich das Stöckchen.

Vögel singen, die Sonne strahlt vom meerblauen Himmel. Eigentlich sollten meine Kinder jetzt bei mir sitzen. Wir würden grillen oder einfach ein paar Bier trinken. Miteinander reden, dumme Männerwitze reißen, Milo beim Rennen zusehen. Stattdessen sitze ich allein da und male mir aus, was hätte sein können, wenn die Dinge anders wären, als sie es sind. Schwerfällig stehe ich vom Gartenstuhl auf, gehe durch die Glastür zurück ins Haus und die Treppe hinauf und finde mich in Jonas' altem Zimmer wieder. Wie fremdgeleitet nehme ich eine der zig Basecaps in die Hand und ertaste das aufgestickte Logo. Basecaps standen nicht auf ihrer Packliste. Handtücher, stand dort, Rasierer und Klingen, Power-Akku, Kindle und Leselampe, aber auch Turban. Die Liste war Wochen nach dem Verschwinden der Kinder aufgetaucht. Alles wirkte so seltsam aufgeräumt. Sie waren nicht Hals über Kopf nach Syrien gefahren. Die Flucht war bis ins letzte Detail geplant.

Mein Handy klingelt, und ich lege die Cap zurück an ihren Platz im Regal. Es ist Mehmet. Das bedeutet, es gibt etwas Neues, ob gut oder schlecht, kann ich nur rausfinden, wenn ich den Anruf entgegennehme. Ich habe Angst. Seit den ominösen Nachrichten vom Tod meiner Jungs habe ich nichts mehr gehört. Das Treffen mit dem jordanischen Geheimdienst liegt nur Tage zurück. Was, wenn es doch stimmt? Was, wenn sie rausgefunden haben, dass die beiden tot sind?

»Hallo«, sage ich zögerlich.

»Opa hat angerufen. Die haben Jo gefunden.«

Ich buche sofort Flüge für Mehmet und mich. Ich bin unendlich dankbar, dass er Urlaub bekommt. Am nächsten Tag fliegen wir los. Diesmal ist es so weit. Diesmal bekomme ich die beiden endlich wieder.

Wir sind im gleichen Hotel wie schon beim letzten Mal. Man begrüßt uns wie alte Bekannte. Auf dem Zimmer angekommen, öffne ich meinen Koffer. Anders als meine Söhne habe ich mit recht wenig Verstand gepackt. Eine einzelne Socke purzelt aus sechs zusammengeknüllten T-Shirts. Muss ich mir eben Socken kaufen. Geld ist egal. Alles ist egal. Vielleicht sehe ich morgen meine Kinder wieder.

Zum millionsten Mal sehe ich das Lossagungsvideo an, schreie es an.

»Ihr könnt es mir nicht verbieten, ich hole euch zurück!«, brülle ich. »Was fällt euch eigentlich ein! Seid ihr denn total verrückt geworden! So einen Schrecken jagt ihr mir nie wieder ein, hört ihr!« Obwohl ich schon ein wenig aus der Puste bin, muss ich weiter Dampf ablassen. »Die Ohren ziehe ich euch lang, ihr Taugenichtse!« Ich weine und lache zugleich. Es klopft an meiner Tür. »Entschuldigung!«, rufe ich ihr entgegen, »Ich bin jetzt leise!« Ein schiefes Grinsen huscht über mein müdes Gesicht.

»Ich bin's, Mehmet.« Ich stehe auf und öffne ihm die Tür. »Ja«, sage ich, »fahren wir?«

»Der Taxifahrer ist unten.«

Der Taxifahrer ist einer meiner Verbündeten vor Ort. Es ist kaum zu glauben, wie viele hilfsbereite Menschen man so trifft, wenn man bloß einige Tage in einem Teehaus am Ende der Welt sitzt und verdächtig lange lethargisch in sein Glas starrt. Er ist ein vornehmer, schmaler und großer Mann, stets akkurat gekleidet und zuvorkommend. Als wir aus der Lobby nach draußen auf den marmornen Vorplatz treten, öffnet der Taxifahrer sofort die Tür zur Rückbank.

»Willkommen zurück«, sagt er in gebrochenem Deutsch. Es sind kleine Gesten wie diese, die mir immer wieder aufs Neue zeigen, dass man hier an mich denkt und sich um meine Jungen sorgt.

Wir steigen ein.

»Elbeyli?«, fragt der Taxifahrer. Ich nicke. Wir biegen auf die Straße und fahren gemütlich durch den vollkommen verrückten Verkehr. Aufgemalte Spuren und Ampeln sind häufig nicht mehr als Vorschläge, die es zu ignorieren gilt, weiß ich seit meiner ersten Reise. Umso dankbarer bin ich dafür, dass der Taxifahrer uns zuverlässig sicher ans Ziel bringt. Artig erkundige ich mich über Mehmet nach dem Befinden seiner Kinder und nach der Gesundheit seiner Frau. Allah hat ihm gnädigerweise nicht mehr aufgebürdet, als er bewältigen kann, berichtet er. Ich schmunzle.

»Mir auch nicht«, sage ich.

Mehmet und der Taxifahrer unterhalten sich, und mein Gehirn schaltet sich ob der wohlklingenden Singsangsprache und des vorbeirauschenden Fensterkinos auf Autopilot.

»Er freut sich sehr für dich«, übersetzt Mehmet kurz bevor wir das Teehaus erreichen, »er hat ein gutes Gefühl.«

Zum Abschied verspricht der Taxifahrer, nach seiner Schicht einen Tee mit uns zu trinken.

Im stickigen, kleinen Raum bedient Opa gerade zwei Kunden. Ich freue mich, als ich sehe, dass einer der beiden Männer der Schreihals ist. Der Schreihals ist ein Freund, den ich bei meiner ersten Fahrt in die Türkei kennenlernte. Er lebt mit seiner Frau, ihrer gemeinsamen Tochter und deren Kind so nah an der

Grenze der kleinen, aufgeräumten Stadt, dass man von den Dächern hoher Häuser mit einem Fernglas gute Sicht nach Syrien hat. Der Spitzname Schreihals kommt nicht von ungefähr. Er ist ein lauter, aber sehr herzlicher Mann mittleren Alters. Seine Statur ist klein und zierlich, ein Stoppelbart bedeckt Kinn und Wangen. Die wenigen Haare, die er noch hat, sind stets makellos frisiert.

»Achim«, rufen Opa und der Schreihals, Letzterer natürlich viel lauter als der alte Mann. Freudestrahlend gehe ich auf sie zu, wir umarmen uns wie lang voneinander getrennte Familienmitglieder.

»Lasst uns einen Tee trinken und alles besprechen«, sagt Mehmet, und ich weiß nicht, ob es eine Übersetzung oder seine Idee ist. Es ist mir auch egal. Die Zuversicht in Opas Augen ist ansteckend.

Über den Tisch und wohlriechenden Tee gebeugt raunt Opa uns eine Geschichte zu. Mehmet und der Schreihals sind sichtlich aufgeregt. Opa gestikuliert so wild, dass ich Angst um die kunstvoll verzierten Gläser bekommen würde, wäre ich nicht derart aufgeregt und angespannt.

»Was ist denn nun?«, frage ich dazwischen, weil ich es nicht mehr aushalte. Mehmet bedeutet Opa mit den Händen, dass er seine Erzählungen kurz unterbrechen muss.

»Über Lukas wissen sie nichts, aber sie haben Jonas gefunden. Er ist nach wie vor in Syrien. Und er lebt.«

Ich erhebe mein Glas und toaste den drei Männern zu.

»Auf euch«, sage ich feierlich.

»Auf dich und deine Kinder«, sagt Opa. Dann trinken wir.

Die Euphorie verfliegt nicht mit einem Mal. Sie ebbt ganz langsam ab, wird jeden Tag, den ich ohne Jonas und ohne jegliche Entwicklung in der Türkei verbringe. Ich dränge Mehmet, mit mir über die Grenze zu gehen. Aber er lehnt ab. Also warten wir. Die meiste Zeit sitzen wir unter Opas entschuldigenden Blicken im Teehaus. Mehmet spielt auf seinem Handy Poker, ich starre Löcher in die niedrige Decke. Nachdem vier Tage ins Land gegangen sind, kommt Opa hängenden Kopfes an unseren Tisch, als gerade besonders wenig los ist.

»Er sagt, es gibt noch immer keine Neuigkeiten. Seine Schleuser können ihn einfach nicht mehr ausfindig machen«, berichtet Mehmet mit hängenden Schulter. Als Opa mein bebendes Gesicht und die wässrigen Augen sieht, beugt er sich zu mir und umschließt meinen Kopf mit kleinen, runzligen Händen. Er sieht mich direkt an, während er spricht.

»Er sagt, dass deine Kinder leben. Du darfst nie die Hoffnung aufgeben.«

Am Abend packe ich, damit ich vor dem ersten Flieger zurück nach Frankfurt noch einen starken türkischen

Kaffee trinken kann. Fein säuberlich trenne ich die Schmutzwäsche von der sauberen. Die saubere besteht größtenteils aus Dreierpacks weißer Tennissocken. Meine eine verlorene Socke werfe ich in den Papierkorb unter dem Schreibtisch.

10. DER WIDERRUF

Am 7. April klingelt das Festnetz im Büro. Hannah geht an den Apparat.

»Immobilienservice Kassel«, sagt sie mit freundlicher Stimme. Dann friert ihr Gesicht ein.

»Sebastian«, wispert sie. Ich versteinere.

»Gib mir den Hörer«, fordere ich. Sie bewegt sich nicht.

»Aha«, sagt sie, »mhm. Ja. Okay. Aha.« Mein Fuß wippt nervös gegen ein Tischbein. Klack, klack, klack, macht der Kugelschreiber in meiner Hand.

»Gib mir den Hörer«, wiederhole ich. Hannah legt eine zarte Hand auf die Sprechmuschel.

»Er sagt, sie leben. Beide.« Ach, denke ich, was für eine Überraschung. Das Hinterklemmteil des blauen Werbekulis bricht ab. Ungeduldig werfe ich es in den Mülleimer unter meinem Tisch.

»Mhm«, macht Hannah wieder. Ich baue mich hinter Hannah auf, wippe auf meinen Turnschuhen vor und zurück.

»Achim will mit dir sprechen.« Ich höre, dass Sebastian darauf schweigt. Hektisch nehme ich den Hörer.

»Sebastian?« Es ist mehr eine Aufforderung als eine Feststellung oder gar Begrüßung. »Und, wie waren die Bananen?« Schweigen. Die Spitze konnte ich mir nicht verkneifen. Still verteufle ich mein loses Mundwerk. Ich seufze.

»Entschuldigung, Sebastian. Nun rede doch mit mir. Was ist los?«, sage ich beschwichtigend.

»Deine Söhne sind beide noch am Leben. Sie sind in Gefangenschaft«, rückt er schließlich heraus. Gefangenschaft, das klingt nicht gut. Aber besser als tot.

»Wer hält sie gefangen?«

»Ich weiß es nicht genau. Kurden. Vielleicht PKK-Leute.« Er zögert.

»Woher weißt du das diesmal? Ich hoffe, eine bessere Quelle als deine letzte Nachricht?«

»Ja. Sie sind in Kobanê. Mehr kann ich nicht mit Sicherheit sagen.«

»Wie sicher ist sicher?«, hake ich nach.

»Einhundert Prozent.« Ich zweifle nach wie vor am Wahrheitsgehalt der Neuigkeiten, gestehe mir aber ein, dass es besser ist als nichts. Wir stochern seit Monaten im Dunkeln, schlimmer kann diese Information kaum sein.

»Kannst du mehr herausfinden?«

»Auf keinen Fall. Ich kann hier nicht so viele Fragen stellen. Das ist mir zu heiß.« Nach einer kleinen Pause fügt der junge Mann hinzu, dass er auflegen muss.

»Sebastian, du kennst mich dein halbes Leben. Du kannst uns nicht im Stich lassen. Du musst versuchen, mehr herauszubekommen.« Mein Ton lässt keinen

Zweifel daran, dass es sich hier um einen Auftrag, nicht um eine Bitte handelt. Der Appell an sein Gewissen ist der letzte Strohhalm, an den ich mich klammern kann. Außerdem will ich noch nicht auflegen. Er mag nicht mein Sohn sein, er mag nicht einmal genau wissen, wo sich meine Söhne aufhalten. Dennoch stellt er eine Art Verbindung zu ihnen dar. Und Verbindungen zu kappen, so lausig sie auch sein mögen, fällt nicht nur schwer, es ist emotional nahezu unmöglich.

»Du musst sie da rausholen, Achim«, sagt Sebastian dann auf einmal mit gepresster Stimme.

»Willst du auch raus?« Ich flüstere. Für den Bruchteil einer Sekunde denke ich darüber nach, wie es wohl ist, mit Frau und Kind dort zu leben. Das Baby müsste mittlerweile auch auf der Welt sein.

»Nein«, sagt Sebastian bestimmt. »Aber Jo und Luke, die müssen nach Hause.«

Ich will ihn am Telefon nicht fragen, ihn nicht noch mehr in Gefahr bringen, trotz allem. Aber die Vermutung, dass die von ihm verschickte Todesnachricht eine versteckte Botschaft war, scheint sich zu bestätigen. Er hängt an den beiden, er hängt vielleicht sogar irgendwie an der ganzen Familie. Er hat dieses Leben für sich ausgesucht, aber er sieht, dass es nicht das Leben für meine Kinder ist. Wer weiß, vielleicht hat er sogar Schuldgefühle, weil er sie runtergelockt hat. Ich kann nur Vermutungen anstellen, aber sie klingen plausibel.

»Das will ich doch auch«, sage ich resigniert, »aber ich weiß einfach nicht, wie.«

»Du hast doch Kontakt zum jordanischen Geheimdienst, vielleicht können die was machen.«

»Woher weißt du …« Noch bevor ich meine Frage zu Ende formulieren kann, dröhnt mir das Freizeichentuten ins Ohr.

Es ist wahr. Wie auch immer er an diesen Informationsschnipsel gekommen ist. Ich stehe wirklich in Kontakt mit dem jordanischen Geheimdienst. Mehmet und sein Chef lernten schon vor Jahren einen Geheimagenten kennen, der Stammgast in ihrem Hotel ist. Kurz vor Ostern, kurz vor meiner spontanen Türkeireise auf Opas Geheiß, hatte ich Said getroffen. Er versprach zu helfen, doch bislang gab es keine Rückmeldung. Unser Treffen in dem Hotelzimmer, der knitterfreie Anzug, das charmante Lächeln des Jordaniers, seine aufrichtige Anteilnahme, stecken mir nach wie vor in den Knochen. Bevor ich in das Gespräch hineinging, und auch direkt danach, waren meine Erwartungen gigantisch gewesen. Irgendwie hatte ich mir ein Wunder erhofft. Das Wort *Geheimdienst* verleitet zu übersteigerter Hoffnung. Doch auch wenn meine Glücksvisionen noch nicht wahr geworden sind, bin ich sicher, dass Said ein kleines Wunder vollbringen wird. Er wirkt einfach wie jemand, der zu seinem Wort steht. Jemand, der dafür sorgt, dass Dinge vorangetrieben werden.

Aber: Wenn selbst ein Geheimdienst seine Probleme damit hat, meine Kinder zu finden, wie will Sebastian es dann geschafft haben? Zumal sie nicht in den Händen seiner IS-Leute, sondern in kurdischer Gefangenschaft sein sollen. Wäre es für den jordanischen Geheimdienst nicht ein Leichtes, die beiden dort aufzuspüren? Ich fasse den Entschluss, wieder einmal zu Opa zu fahren. Die Untätigkeit frisst mich auf.

Es ist Juni. Ich bin wieder in der Türkei. Das Teehaus fühlt sich mittlerweile wie ein zweites Zuhause an. Im Sommer ist es um einiges stickiger als bei meinem ersten Besuch. Man kennt mich. Man weiß, dass ich der gutbetuchte Deutsche bin, der verzweifelt nach seinen Söhnen sucht. Immer wieder kommen Menschen, sagen, sie können meine Kinder für mich holen und nennen einen Preis. Am Anfang falle ich darauf hinein. Ich kaufe Hoffnung für Geld. Je öfter sie enttäuscht wird, desto verschlossener wird mein Geldbeutel.

Neben den Halsabschneidern und Betrügern lerne ich auch immer mehr Männer kennen, die vom Schicksal meiner Familie und meinem Kampfeswillen berührt scheinen. So treffe ich über den Taxifahrer auf den Paprikahändler und über die beiden wiederum den jungen und den alten Syrer. Eine ungewöhnliche Allianz. Aber meine neuen Kontakte scheinen mehr Erfolg zu versprechen als der gebrechliche, alte Türke in seinem Teehaus.

Er strahlt, wie immer, wenn ich sein Lokal betrete.

»Achim«, sagt er. Das »ch« klingt bei ihm, als würge er einen Fellball hoch. Ich mag das. Es klingt männlicher, archaischer als das weiche, deutsche »ch«. Männlich fühle ich mich dieser Tage ob all der Tränen und Gefühlsausbrüche selten. Mehmet übersetzt mein Anliegen.

»Sag ihm, dass ich seine Hilfe bis zum heutigen Tage sehr zu schätzen weiß. Aber ich muss jetzt andere Wege versuchen. Es ist zu lange nichts passiert. Ich bin nicht böse, aber ich muss tun, was für meine Söhne am besten ist.« Opa legt den Kopf schief, nickt dann aber verständnisvoll.

»Ich soll dir sagen, dass er dir und deiner Familie nur das Beste wünscht. Und dass er hofft, eines Tages euch alle hier bewirten zu dürfen.« Mehmet schluckt. Wir alle umarmen uns. Dann treten Mehmet und ich hinaus, in den strahlenden, erbarmungslosen Sonnenschein.

11. DIE VERBÜNDETEN

Obwohl Opa uns nicht mehr helfen kann, bin ich keineswegs in der Türkei auf mich gestellt: Mehmet steht nach wie vor unerschütterlich an meiner Seite. Samir, der Paprikahändler und Freund des Taxifahrers. Der Taxifahrer selbst, der uns bei jeder Reise in die Türkei sicher von A nach B bringt.

Der Schreihals aus Opas Teestube, und der alte und der junge Syrer, die auf verschlungenen Pfaden mit dem Paprikahändler verwandt sind. Wir sind sieben Männer mit unterschiedlichen Geschichten, Kulturen und Motivationen. Achim und die Gefährten, kommt es mir in den Sinn, und ich muss lachen.

Meine Reisen an die syrische Grenze haben verschiedene Gründe, man kann sie in drei Kategorien einteilen. Manchmal fliege ich, weil es einen konkreten Hinweis gibt. Oft gibt es kleine Aufgaben zu erledigen. Aber die meiste Zeit fliege ich einfach aus dem Bauch heraus. Um neue Kontakte zu knüpfen, um nah an den Geschehnissen zu bleiben. Um näher bei meinen Söhnen zu sein.

Es gibt Abende, an denen sitze ich um zwanzig Uhr gebannt vor dem Fernseher in meinem Wohnzimmer in Kassel und schaue die Nachrichten. Man sieht eine Explosion. Flugzeuge, die über Häuser kreisen. Gestalten huschen über den Bildschirm, tragen Schwerverletzte in ihren Armen durch den syrischen Sand. Manchmal laufen Zahlen durchs Bild. Opferzahlen. Abstrakte Zahlen. Für mich sind die Toten anders abstrakt als für andere. Die meisten Menschen vor dem Fernseher nehmen sie zur Kenntnis, sind vielleicht schockiert oder fühlen mit. Man sagt, Menschen fühlen Betroffenheit. Aber ich bin betroffen. Sterben hundert Menschen durch einen Bombenangriff, könnten zwei von ihnen Jonas und Lukas sein. Heißt es, ein Dutzend sei durch Straßenkämpfe umgekommen, könnten zwei davon Jonas und Lukas sein. Ich erwische mich dabei, wie ich die Gesichter auf der Mattscheibe scanne. Es sind immer Fremde.

An manchen dieser Abende packt es mich, und ich buche einen Flug in die Türkei. Insgeheim weiß ich, dass ein Ortswechsel nicht automatisch einen nennenswerten Unterschied macht. Gegen das Gefühl der Untätigkeit wirkt er jedoch Wunder.

Im Juli sitzen Mehmet und ich zum gefühlt hundertsten Mal im Flieger in die Türkei. Dieses Mal geht die Reise von Istanbul nicht nach Kilis oder Elbeyli, sondern in die winzige Stadt Karkamış. Sie hat dreitausend Einwohner und liegt unmittelbar am Grenzübergang nach Jarābulus in Syrien. Wir sind nicht ganz ohne eine Aufgabe gekommen. Dieses Mal geht es nicht direkt um einen Hinweis, sondern darum, den Arabern die nötigen Informationen für eine intensivere Suche an die Hand zu geben. Es ist ein Hazardspiel. Doch wie heißt es so schön: Wer nicht spielt, kann nur verlieren.

Die Türkei fühlt sich im Sommer anders an als im Winter. Mehmet und ich sitzen auf einer Veranda in Karkamış mit Blick auf die syrische Grenze. Um uns herum ist viel Nichts. Quadratische Grasflecken sind zwischen endlose Sandfelder getupft. Ab und zu tuckert ein Traktor durch mein Blickfeld. Meist passiert überhaupt nichts. Ich fische eine Pistazie aus einer blauen Keramikschüssel und nestle an der Schale herum. Sie ist fast verschlossen. Ich werfe sie hinaus in den Sand, und sie verschwindet sofort in den hellbraunen Körnern. Alles hier ist hellbraun. Je näher ich Jonas und Lukas komme, desto hellbrauner wird die Welt. Hellbraun ist die Farbe der Hoffnung.

Die nächste Pistazie hat eine kleine Öffnung an der Seite. Die Schale knackt zwischen meinen Zähnen. Sie schmeckt salzig. Der junge und der alte Syrer nehmen auf zwei freien weißen Plastikstühlen Platz und grabschen nach den Nüssen. Beide öffnen sie ohne hinzusehen mit derselben Hand, in der sie ein ganzes Häufchen Pistazien halten. Beeindruckend, denke ich, und spucke meine geknackte Schale über den hüfthohen Verandazaun.

»Sie wollen raus«, sage ich zu niemand Bestimmtem, obwohl mich natürlich nur Mehmet versteht. Er nickt. »Ich bin mir ganz sicher. Sie leben und wollen nach Hause.« Der alte Syrer sagt irgendwas.

»Er fragt, ob du Bilder hast.«

Samir übersetzt das Arabische auf Türkisch, Mehmet dann das Türkische auf Deutsch. Wir spielen internationale Stille Post.

Ich greife nach meinem Handy. Mehmet legt seine Hand auf meine.

»Nein, welche, die du hierlassen kannst.«

»Natürlich«, haspele ich, ziehe die ausgedruckten Bilder aus meinem Portemonnaie und lege sie auf den Tisch. Eine Ameise läuft über Jonas' Gesicht. Der alte Syrer schnipst sie weg. Mit der Hand schirmt er die Augen von der Sonne ab, während er die Fotos genauestens studiert. Er fragt etwas, Mehmet antwortet.

»Er wollte wissen, wie alt die beiden sind«, erklärt er. Der junge Syrer steht hinter dem Alten und zündet sich eine Zigarette an. Dicker Rauch schwebt durch die Luft. Das Atmen fällt bei diesen Temperaturen schwer. Ein bisschen fühlt es sich an, als müsse man die Luft erst kleinschneiden und kauen, bevor sie heruntergeschluckt werden kann.

Wir essen gemeinsam, trinken zusammen Tee, sitzen auf der Terrasse und starren in die Bewegungslosigkeit der Sandfelder. Es ist müßig, über nichts als meine Kinder zu sprechen, also lernen wir uns kennen. Ich versuche, die Themen Arbeit und Beruf bei den Schleusern zu vermeiden. Meiner Gesundheit wäre es sicher nicht zuträglich, würde ich Menschen in diesem Milieu zu neugierig erscheinen. Also bleibt das Private. Der junge Syrer ist frisch verheiratet. Seine Frau erwartet ihr erstes Kind. Ich begegne ihr nie. Ich weiß nicht, ob das mehr mit der Religion oder unserem Geschäftsverhältnis zusammenhängt. Er ist selbst irgendwie mit dem IS verbandelt, spricht aber nicht gern darüber, warum und inwieweit. Es fiele mir nicht im Traum ein, dieses Thema zu forcieren. Vielleicht spielt es mir sogar in die Tasche, spekuliere ich. Als Insider wird er mehr wissen und zu mehr Informationen Zugang haben als andere. Und wenn er seine Position nutzt, um Menschen zu helfen – so schlimm kann es dann doch nicht sein, rechtfertige ich mich vor mir selbst. Doch eigentlich ist es für mich klar, für meine Söhne würde ich mit jedem reden, auch mit den schlimmsten Mördern.

Der alte Syrer ist auch verheiratet, allerdings schon seit mehreren Jahrzehnten. Seine Frau ist nicht mehr schwanger, war es aber im Leben zur Genüge. Sechs Kinder hat sie ihrem Mann geschenkt.

»Alle wohlauf«, erzählt er. »Die meisten wohnen noch zu Hause. In unserer Kultur zieht man erst spät aus.«

Die Sonne geht auch am dritten Morgen wieder auf. Ich nippe draußen an meinem starken, schwarzen

Kaffee. Der Zuckerlöffel klimpert in der Tasse umher und stößt beim Trinken gegen meine Nase. Genervt lege ich ihn auf den Plastiktisch. In der Mitte ist ein kreisrundes Loch für einen Sonnenschirm. Einen Schirm gibt es nicht. Ein Tropfen Kaffee breitet sich rasant auf dem weißen Plastik aus, läuft in Rillen und durch Ritzen. Es fühlt sich unwirklich an, die Grenze quasi die ganze Zeit sehen zu können. Sie ist da, sieht so ungefährlich aus. Als könne man einfach auf sie zugehen, über den Zaun klettern und auf der anderen Seite schnurstracks weitergehen. Dabei fühlt sie sich ganz anders an. Wie eine undurchdringliche Mauer aus Graphen. Der Vergleich gefällt mir. Graphen gehört zu den stärksten und undurchlässigsten Materialien, die der Mensch kennt. Gleichzeitig gilt es auch als so dünn, dass Wissenschaftler es als zweidimensional bezeichnen. Schmal, aber unüberwindbar. Genau wie die Grenze.

»Achim, die Syrer haben noch Fragen«, kündigt Mehmet an. Er muss sich regelrecht angeschlichen haben, denn mir fällt vor Überraschung fast die Kaffeetasse aus der Hand.

»Natürlich«, sage ich fahrig, »was denn?« Der alte Syrer erscheint in der Tür neben Mehmet.

»Wo ist der Junge?«, frage ich.

»Sollte jede Sekunde da sein«, antwortet Mehmet, und wie auf Kommando höre ich in der Ferne den alten Rollermotor rattern. Der junge Syrer und Samir, der Paprikahändler, der ebenfalls angekommen ist, begrüßen mich mit Handschlag. Auch er hat Frau und Kinder. Wie jeder hier. Ich habe das Gefühl, sie verstehen mich deswegen. Sie können meine Verzweiflung und meinen Schmerz verstehen, weil sie selbst Väter sind. Hier. An einem Ort, an dem man die Kinder jeden Tag, jede Stunde verlieren kann. Seit der IS auf der anderen Seite der Grenze wütet, fallen auch hier immer wieder Bomben. Grenzen sind nun einmal keine unumstürzlichen Mauern. Und Grenzen und Grenzstädte zu bombardieren ist Teil der perfiden IS-Strategie. Ich sehe es immer wieder, wenn ich mit dem Auto durch die Gegend fahre. Die Zerstörung, die Ruinen. Verlassene Häuser, Straßen, Dörfer.

Zum Frühstück gibt es Nüsse, Obst und Gebäck. Ich erdolche einen Wassermelonenwürfel und schiebe ihn mir in den Mund. Dann lege ich meine Gabel zurück auf den buntbemalten Teller. Mehmet lehnt sich vor und schnappt sich eine Weintraube. Sie knackt, als er sie zerbeißt.

»Sie wollen wissen, ob noch mehr Leute rausmüssen«, verkündet er. Ich überlege nicht lange. Mit dieser Frage habe ich gerechnet. Die letzte Nacht im Hotel wälzte ich mich von einer auf die andere Seite. Mir war klar, dass heute die große Fragestunde anbrechen würde. Es ist unser letzter Tag in Karkamış, und bisher wussten die beiden Syrer so gut wie nichts. Scheinbar war es von größerer Bedeutung erst meinen Charakter und meine Glaubwürdigkeit zu testen. Wie ich den Test bestanden habe, vermag ich nicht zu sagen. Doch die Hürde scheint genommen. Nun geht's ums Geschäft.

»Viviane«, sage ich mit fester Stimme. »Viviane ist die Frau meines Jüngsten. Sie gehört zur Familie.«

»Der alte Syrer will wissen, ob sie keine Eltern hat, die sich um ihre Rückkehr kümmern.«

Ich schüttle den Kopf und beiße in einen Pfirsich.

»Ihre Eltern haben Viviane verstoßen. Sie wollen nichts mehr mit ihr zu tun haben.«

Der alte Syrer verzieht die Mundwinkel. Auch der junge Syrer hat offensichtlich wenig Verständnis für dieses Verhalten. Er spricht, wie immer, wenig, raucht dafür aber umso mehr. Mehmet sagt, dass Samir sagt, dass die beiden gern ein Foto von Viviane hätten. Mir brummt der Kopf von dem ganzen Übersetzungszirkus.

»Ich auch«, sage ich und muss trotz allem lachen, »ich habe keins. Ihre Eltern verwehren sich komplett. Und die Jungs haben mir nur eins aus der Ferne geschickt, auf dem man sie von hinten in einer Burka sieht.«

Ich erkläre, dass ihr Vater Deutscher, ihre Mutter aber Marokkanerin ist. Vermutlich hilft es nicht viel. Die meisten Frauen in Syrien sind nicht gerade blass. Aber eine dunkelhäutige Deutsche, das könnte auffallen.

»Sie brauchen die arabischen Namen von allen.«

132

Wer zum »Islamischen Staat« überläuft, bekommt neben neuen IS-Dokumenten, so wie Ausweisen und Meldebestätigungen, auch einen muslimischen Namen, sollte der ursprüngliche Name es nicht sein. Eine im Islam allgemein übliche Handlung.

»Vivianes Namen weiß ich nicht«, gestehe ich, »aber Jonas heißt Kalil und Lukas nennen sie Tahir.«

Der alte Syrer schiebt ein Stück Baklava unter meine Nase. Er sieht mir dabei in die Augen und spricht eindringlich die Singsangsprache.

»Er sagt pro Person zehntausend Euro. Sie helfen, aber es wird dauern.«

Zehntausend Euro. Eine Stange Geld. Ich habe keine Wahl. Lieber dreißigtausend Euro verlieren als die Kinder. Ich nicke. Der alte Syrer strahlt und schüttelt meine Hand. Der junge Syrer klopft mir kumpelhaft auf die Schulter. Asche rieselt auf mein kariertes Hemd. Auch Samir gratuliert mir. Es fühlt sich merkwürdig an. Ich wüsste wirklich nicht, wozu man mich beglückwünschen sollte. Aber bald, denke ich. Bald gibt es hoffentlich einen triftigen Grund.

Wieder zu Hause telefonieren Mehmet, Samir und die Syrer fast täglich. Abends erstattet mein Freund mir Bericht. Eigentlich ist es nie sonderlich erhellend. Oder wenigstens nicht viel. Hinweisfitzelchen, Hörensagen, Gerüchte. Irgendjemand hat immer irgendetwas gehört. Dann verläuft sich die Spur im Sande. Ich spiele

immer häufiger mit dem Gedanken, wieder runter-
zufliegen. Mehmet rät mir ab. Das wirke so, als wolle ich ihnen auf die Finger gucken. Das sehe ich ein.
Außerdem kann Mehmet sich nicht dauernd Urlaub
nehmen. Sagen würde er nie etwas. Aber ich weiß,
dass es so ist.

Dann kommt der Abend, an dem die Nachrichten
anders sind. Statt Wischiwaschi, kruden Theorien und
diversen anderen Hinhalte-Techniken eröffnet Mehmet ungefähr dreieinhalb Wochen nach unserer Rückkehr aus Karkamış, dass sie gefunden seien.

»Lukas und Jonas und auch Viviane sind allesamt in
der Zentrale in Ar-Raqqa registriert.«

»Wie weit ist Ar-Raqqa von dem Haus vom Syrer
entfernt?«

»Ungefähr drei Stunden, schätze ich. Aber sie wohnen nicht im Ort.«

»Oh.«

»Aber auch nicht weit weg. Jonas ist in einem Dorf,
ganz in der Nähe von Ar-Raqqa. Lukas in einem anderen, aber auch im direkten Umland.«

»Man hat sie also tatsächlich voneinander getrennt«,
murre ich. Sehr geschickt vom IS, aber ich hoffe in-
ständig, dass meine Kinder auch allein stark bleiben.
Lukas braucht seinen großen Bruder, denke ich kurz
verzweifelt. Obwohl sein großer Bruder genau genommen der Grund dafür ist, dass Lukas jetzt überhaupt in
dem Schlamassel ist.

»Ich weiß noch mehr!«, jubelt Mehmet.

»Dann raus damit!«, fordere ich ihn auf.

»Jonas arbeitet in einem Büro und verteilt Kleidung an Bedürftige. Es gibt wohl so Orte, da können die hin und bekommen, was man eben so zum Leben braucht. Und er ist für die Klamotten zuständig.« Mir war klar, dass meine Söhne in Syrien keine Gewehre schwingen würden. Es war trotzdem beruhigend meinen Glauben, ach, meine tiefe Überzeugung, bestätigt zu wissen.

»Viviane ist Kindergärtnerin. Lukas arbeitet in derselben Einrichtung und für die Schule nebenan als Aufpasser.«

»Sie leben wirklich. Ich rede mir das nicht bloß ein. Es stimmt.«

»Jetzt wissen wir es, Achim.« Beinahe flüstert Mehmet. »Und jetzt wissen wir, wo sie sind. Jetzt sind sie so gut wie raus.«

12. AUSBLICKE UND ANBLICKE

Nur, weil wir wissen, wo sie sind, heißt es nicht, dass sie sofort rauskommen. Das versuche ich, mir wieder und wieder zu sagen. Ich will auf jeden Fall vermeiden, dass ich zu euphorisch werde, mich zu sehr freue, um nicht in ein noch tieferes Loch zu fallen. Meine Gefühle sind wie eine Achterbahn. Gerade fährt sie nach einem langen Tag wieder aufwärts, und fahre ich zu schnell zu hoch, stürzt sie mit mir in die Tiefe. Das habe ich mittlerweile gelernt.

Also versuche ich, mich in Geduld zu üben, mich einfach darüber zu freuen, dass meine Kinder leben. Immerhin ist das eine phantastische Nachricht, sage ich mir. Ich darf nicht zu viel wollen. Aber es fällt mir unendlich schwer.

Dann kommt der nächste Anruf. Die letzte Türkeireise ist erst ein paar Wochen her.

»Wir sollen sofort runterkommen«, berichtet Mehmet. Ich buche die Flüge. Zurück nach Karkamış. Zurück ganz in die Nähe meiner Kinder. Ich weiß nicht genau, welche frohe Kunde mir diesmal überbracht werden soll. Das macht es erheblich schwerer, nicht daran zu glauben, dass Lukas und Jonas dieses Mal tatsächlich über die Grenze, direkt in meine Arme spazieren werden. Die gesamte Fahrt staubige Straßen hinab Richtung Karkamış verbringe ich damit, Bilder von einer glücklichen Familienzusammenführung aus meinem Kopf zu pressen. Jonas, der in Jeans und einem schmutzigen T-Shirt, die mittlerweile sicher langen lockigen Haare im Gesicht, mit leeren Händen und tränenvollen Augen in meine Arme sinkt. Lukas, ein Lächeln unter dem langen Bart, die Füße in zerschlissenen Sandalen, direkt hinter ihm. Sie treten durch die Zäune und lassen Krieg, Zerstörung und Angst hinter sich. »Es tut uns leid, Papa«, würden sie sagen. Meine Hände würden über ihre Rücken streicheln und meine Finger nach ihren sandigen Haaren greifen, damit ich sie auf gar keinen Fall wieder verlieren kann, nicht in dem Moment, niemals wieder.

Ich wische mir eine verräterische Träne aus dem Auge. Sieh auf die Straße, sage ich mir, lenk dich irgendwie ab. Aber die Straße ist lang und gerade, ereignislos und menschenleer. Manchmal fahren wir an einem Dorf oder einer kleinen Siedlung vorbei. Dann konzentriere ich mich wie besessen auf jeden visuellen Reiz. Wäsche, die im seichten Wind trocknend schwingt. Ihre kräftigen Farben sind ein krasser Kontrast zum Beige der Umgebung. Einzelne Häuser stehen verlassen in der Landschaft. Vor ihnen parken alte Autos. Die Landbevölkerung lebt meist anders als die Stadtmenschen. In großen Städten gibt es, ganz ähnlich dem Westen, viel Reichtum. Große Villen, dicke Autos, Designertaschen, die an Frauenarmen baumeln, Coffee to go.

Immer wieder fahren wir durch Landstriche, die dem Krieg zum Opfer gefallen sind. Geschosse aus Syrien, vielleicht sogar verirrte Bomben der Westler. Ich weiß es nicht genau. Steht ja kein Name drauf. Die Gegend ist einfach zu nah an Syrien. Grenzen sind im Krieg wohl fließend, lerne ich. Aus kleinen, ärmlichen Häusern werden solche, die man kaum noch als Haus erahnen kann. Manchmal stehen noch alle Außenwände, häufig allerdings nichts. Dächer liegen wie Puzzleteile auf dem Boden. Das Hab und Gut der ehemaligen Bewohner liegt verstreut zwischen ihnen. Zerfetzte Möbel, dreckige Teppiche, auseinandergerissenes Kinderspielzeug. In diesen Momenten kann ich nicht anders als hoffen. Darauf, dass meine Söhne wirklich frei sind.

Wir passieren das Ortschild des kleinen Städtchens Karkamış. Die Straßen sind befestigter, die Häuser nicht mehr ganz so trist. Aber die Lebenswelt der Großstadt Gaziantep ist das hier dennoch lange nicht.

Vor dem Haus des Syrers halten wir. Er öffnet die Tür, während wir aus dem Wagen krabbeln. Man erwartet uns schon.

Wir nehmen im Wohnzimmer Platz. Unter der niedrigen Decke hängt eine Lampe, die etwas Licht spendet. Obwohl die Sonne draußen erbarmungslos durch unsere Windschutzscheibe brannte, ist es im Raum recht dunkel. Die wenigen Fenster sind klein. Dadurch ist es finster, aber auch kühler. Das rotbraune Ledersofa knatscht, wenn ich mich bewege. Auf dem runden Holztischchen stehen Tee und Gebäck. Ich nehme mein Glas und verbrenne mir die Lippen. Türkischer Tee ist heißer als die türkische Sonne und so stark, dass man ihn als Westler ohne zehn Zentner Zucker nicht trinken kann. Ich besinne mich und beginne, löffelweise Zucker in das dunkle Gebräu zu kippen. Geräuschvoll rühre ich im Glas und puste in den Dampf.

»Sie haben eine gute Nachricht«, erklärt Mehmet, der den Übersetzungen des Paprikahändlers angespannt lauscht. Er trinkt seinen Tee mit weniger Zucker und merklich schneller als ich. Gewöhnungssache, denke ich. An der gegenüberliegenden Wand hängt ein Familienfoto. Der schwarze Rahmen setzt sich gegen die weiße Wand ab. Direkt daneben hängt ein Kunstdruck einer Sonnenblume. Ich stelle mir unwillkürlich vor, wie das Dach verschwindet, das Ledersofa mit Sand bedeckt schutzlos in der Sonne kocht, die Bilder auf dem Boden verteilt, das Glas, hinter dem sie geschützt sein sollen, zerbrochen neben ihnen. Karkamış ist sehr nah an dem Elend, das wir auf dem Weg sahen. Ich schiebe den schrecklichen Gedanken zur Seite und fokussiere meine gesamte Aufmerksamkeit auf Mehmets Worte.

»Sie haben ein Foto von Jonas.«

Ein Foto. Ich bin enttäuscht. Ich versuche, es vor den

anderen und sogar vor mir selbst zu verbergen. Doch es stimmt. Die schönen Tagträume, gegen die ich mich die gesamte Reise über so vehement gewehrt hatte, waren doch in mein Unterbewusstsein geschlichen. Dort eingenistet sticheln sie jetzt. Ein Foto? Ein lebloser Gegenstand. Unbewegt und unbewegend.

»Toll!«, höre ich mich sagen. Meine schmalen Lippen lächeln gezwungen. Meine eisblauen Augen lächeln nicht mit.

Der junge Syrer greift in die Innentasche seiner Jacke. Das schwarze Leder hat hier und dort bereits Risse. Er zieht ein Stück Papier heraus und legt es auf den Tisch. Unter seinen angeknabberten Fingernägeln steckt etwas Straßendreck. Ich starre auf das Bild und zu meiner eigenen Überraschung wird mein Lächeln mit einem Mal ein echtes, genauso ehrlich wie die Tränen, die ich urplötzlich vergieße.

»Mensch, Jo.« Die Worte fließen aus meinem Mund, so weich, dass ich es selbst kaum wahrnehme. Ich nehme das Foto in die Hand wie jemand, der einen Schmetterlingsflügel für die Ewigkeit präparieren will.

Wirklich viel ist nicht zu erkennen. Das Bild ist großporig, pixelig. Trotzdem ist definitiv erkennbar, dass es tatsächlich Jonas ist. Jonas mit Bart, Jonas mit ungewohnt langem Haar, Jonas in untypisch farbloser Kleidung. Aber definitiv Jonas.

Die Tränen stürzen wie Regen aus meinen Augen, auf den Teppich zwischen meine Sportschuhe.

»Entschuldigung«, sage ich, als ich aufstehe. Zielstrebig laufe ich zum Bad, schließe die Tür hinter mir und atme tief durch. Ein. Und aus. Ein. Und aus. Dann sind sie halt noch nicht hier. Und wenn schon. Sie leben. Das Bild sieht neu aus. Einfach, weil Jonas anders aussieht als auf den Bildern, die ich von ihm selbst bekommen habe. Meine Finger umklammern das kühle Waschbecken, greifen nach der Armatur. Gebirgssee-kaltes Wasser fließt in meine hohlen Hände und strömt dann über mein Gesicht. Denk jetzt rational, Achim. Führ dir die Fakten vor Augen. Das Bild kann nicht allzu alt sein. Jonas ist nicht tot. Wenigstens war er es vor ein paar Tagen noch nicht. Und wenn sie ein Foto von ihm haben, wissen sie auch, wo er ist. Die Angaben, die sie uns weitergeleitet haben, werden folglich stimmen. Wenn man schon weiß, an welchem Ort ein Mensch ist und sogar ein Foto von ihm macht, wie schwer kann es dann sein, eben diesen Menschen zu fassen zu bekommen? So richtig schwer ja wohl nicht, Grenze und Krieg hin oder her. Mindestens möglich ist es. Möglich ist gut. Möglich reicht für den Moment.

Ich trockne mein Gesicht mit dem weichen Gästehandtuch, hänge es zurück an seinen Haken an der gefliesten Wand und gehe zurück ins Wohnzimmer. Alle Augen sind auf mich gerichtet. Der Paprikahändler und Mehmet, der junge und der alte Syrer sehen mich erwartungsvoll an. Ich setze mich neben Mehmet, er klopft mir brüderlich aufs Knie.

»Freust du dich, Achim?«

»Ja«, sage ich aufrichtig und voller Überzeugung, »ja, ich freue mich sogar sehr.«

»Das ist ein sehr gutes Zeichen«, pflichtet Mehmet mir bei.

»Frag sie bitte, wie alt das Foto ist.«

Türkisch, Arabisch, Arabisch, Türkisch. Deutsch ist der letzte Schritt. Ich kenne die Antwort schon, bevor Mehmet sie mir verrät. Der alte Syrer hält beide Hände mit ausgestreckten Fingern nach oben.

»Zehn Tage«, bestätigt Mehmet meine Vermutung.

»In zehn Tagen kann im Krieg viel passieren«, sage ich.

»Wenn er bis dahin gekommen ist, hat er die letzten zehn Tage auch überstanden.« Mehmets Worte sind nicht sonderlich fundiert, trotzdem bauen sie mich auf.

»Da hast du wohl recht«, lenke ich ein.

Auf dem Rückweg sieht die Landschaft aus wie immer. Beige. Sand. Geröll. Ein Stück heller ist sie dennoch. Jede Kleinigkeit, die mich meinen Kindern näher bringt, gibt der Sonne etwas von ihrer Strahlkraft zurück. Es kann nicht mehr lange dauern, dann wird sie wieder so scheinen wie im letzten Sommer.

13. SPUREN

Mittlerweile kommen mir die Stunden in Flugzeugen und Autos fast so vor wie die auf dem heimischen Sofa. Es ist das Geschäftsreisenphänomen. Nur ist mein Ziel nicht Frankfurt oder München oder Hamburg, sondern die Türkei. Und es geht nicht um den Abschluss eines wichtigen Geschäfts, das Absichern eines heißen Deals, sondern um das Finden meiner Söhne. Alle dafür notwendigen finanziellen Klärungen sind schon lange abgeschlossen. Ich habe Opas Syrer schon vor langer Zeit bezahlt. Eine stattliche Summe. Ich habe großes Glück, dass ich recht gut verdiene. Das Lösegeld, die vielen Reisen, die ich selbstverständlich auch für Mehmet zahle. Die Restaurantbesuche, die Hotelzimmer. Dem Himmel sei Dank, kann man in Kassel mit Immobilien gutes Geld machen. Nach meiner Fußballerkarriere habe ich Häuser gekauft, sie renoviert, vermietet. Mit dem Geld habe ich die Firma dann wieder vergrößert, bis mir schließlich recht viele Häuser gehörten. Mir graut es, mir vorzustellen, was Eltern tun, die nicht eben einen fünfstelligen Betrag in die Rettung ihrer Kinder investieren können. Die müssen wohl Kredite aufnehmen, Dinge verkaufen. Verzichten.

Vivianes Eltern haben sich von ihrer Tochter getrennt. Für die beiden ist sie gestorben, als sie nach Syrien zog. Ich kann das so nicht stehen lassen. Immerhin ist sie meine Schwiegertochter. Also zahle ich auch für sie. Die drei sind und bleiben in meinen Augen Kinder. Kinder, die meine Hilfe brauchen. Ich kann ihnen diese Hilfe nicht verwehren. Selbst, wenn sie dort unten in irgendeiner Form schuldig geworden wären, wie so viele andere, würde ich sie freikaufen. Weil sie immer meine Familie wären. Und weil jede Hand, die dem IS genommen wird, ein Schritt in die richtige Richtung ist. Sie würden so oder so an die deutsche Polizei übergeben und einem Richter vorgeführt. Dort unten zu sterben ist eine zu harte Strafe für drei deutsche Kinder, die auf einen Haufen Kriegstreiber reingefallen sind. Sie sollen mit Zeit bezahlen, aber doch nicht mit ihrem Leben.

Zu Hause packe ich automatisiert wie ein japanischer Haushaltsroboter meinen Koffer. Im Flieger trinke ich Apfelsaft, weil der Kaffee eine furchtbare Plörre ist. Im Hotel esse ich als Allererstes das kleine Schokoladenstückchen, das zur Begrüßung auf meinem schneeweißen Kopfkissen platziert wurde. Rituale, Abläufe, von denen ich vor einem Jahr nie gedacht hätte, dass sie mir einmal in Fleisch und Blut übergehen würden.

Wieder einmal wissen wir nicht genau, was uns an der Grenze zu Syrien erwarten wird. Es gibt Neuigkeiten, heißt es. Neuigkeiten, die man uns persönlich übermitteln will. Anders als an das Packen, den Apfelsaft und die Schokolade, gewöhne ich mich im Leben nicht daran, meine Hoffnungen runterzuschrauben. Also verbringe ich die Anreise wie üblich mit Phantastereien.

Ich kenne die Landschaft inzwischen schon ganz gut. Die Häuser sind nach wie vor zerbombt, aber das schockiert mich nicht mehr so wie am Anfang. Die Straßen sind noch immer streckenweise sehr holprig, die Welt auch dieses Mal beige und die Sonne gewohnt erbarmungslos, aber auch daran habe ich mich inzwischen gewöhnt.

Der junge und der alte Syrer begrüßen uns freundlich, der Taxifahrer verabschiedet sich ebenso und sichert zu, uns zum vereinbarten Zeitpunkt wieder abzuholen. Der Paprikahändler ist da, die Frauen sind irgendwo versteckt, der Tee steht bereits gekocht auf dem Tisch und schickt kleine Nebelwellen über die Holzplatte, wenn sich einer von uns bewegt.

Es gehört sich nicht, direkt über das Geschäftliche zu reden, deswegen plaudern wir ein wenig. Man erkundigt sich höflich, wie die Unternehmungen in Deutschland laufen, wie das Wetter ist, wie es der Frau geht. Lustige Anekdoten werden ausgetauscht. Der alte Syrer lacht. Sein Bauch wackelt unter dem blauen Hemd fröhlich auf und ab. Der Paprikahändler übersetzt den Witz für Mehmet, der übersetzt ihn dann für mich. Ich lache eine halbe Minute später als die anderen. Das ist egal. Es ist schön, ungezwungen zu reden, sieht man einmal davon ab, dass Religion, Politik und der Verbleib meiner Kinder immer ausgeklammert werden. Bis auf Letzteres halten wir uns sklavisch an dieses unausgesprochene Gesetz des Unaussprechbaren. Meine Kinder werden freilich immer irgendwann ein Thema. Nicht aber, bevor wir gemeinsam unser erstes Glas Tee geleert haben. Auf meiner Zunge und in meiner Mundhöhle hat sich zu diesem Zweck über die letzten Monate hinweg eine Art Rüstung gegen die Hitze entwickelt. Ich spüre sie einfach nicht mehr so. Der Mensch ist ein Gewohnheitstier.

Nach einer halben Stunde kommen wir zum offizielleren Teil unseres Besuchs und zum Anlass unserer Reise. Der junge Syrer steht auf, tritt hinüber zu Mehmet und mir und bedeutet dem Paprikahändler, dass er sich zu uns gesellen soll. Der alte Syrer nippt zufrieden an seinem Glas. Sein Gesicht verschwindet hinter einer Dampfwand.

»Er will dir etwas zeigen, und dafür braucht er alle Übersetzer«, erklärt Mehmet und schiebt sich auf seinem Sofapolster hin und her. Er ist aufgeregt.

Der junge Syrer zückt ein Smartphone und tippt flink auf dem Touchscreen herum. Schließlich hält er mir das Handy vor die Nase. Die Foto-App ist geöffnet, und ich schaue auf etwas, das wie ein abfotografiertes Dokument aussieht. In der rechten unteren Ecke erkenne ich den IS-Stempel. Er ist rund und blau und erinnert optisch an ein Siegel. Ich würde gern weiter ranzoomen, will dem Syrer aber nicht einfach das Gerät aus der Hand nehmen und weiß auch gar nicht, wie der Zoom bei diesem Modell überhaupt funktioniert. Also gucke ich einfach nur wie eine Kuh, wenn's donnert, und warte darauf, dass mir jemand erklärt, was ich dort sehe.

»Das ist eine Registrierung«, übermittelt Mehmet. Ich sammle meinen fest an das Display gehefteten Blick auf und werfe ihn Mehmet zu.

»Wir wissen doch schon lange, wo sie registriert sind. Nett, das zu sehen, aber neu ist es nicht wirklich.« Wenn Schleuser keine zufriedenstellende Arbeit abliefern, kann man sich leider nicht beim Geschäftsführer beschweren oder eine vernichtende Internetrezension verfassen. Den Drang verspüre ich trotzdem.

»Moment, ich frage nach.«

Einige Minuten wird auf zwei Sprachen rege diskutiert. So rege es eben geht, wenn sich die Diskutanten nicht ohne Hilfe verständigen können. Sehnsüchtig blicke ich zu meinem Tee. Das Telefon und der Arm des Syrers stehen zwischen ihm und mir, weil sich der junge Mann zwar Mehmet zugewandt, seinen Arm aber nicht mitgenommen hat. Der hängt weiterhin vor meiner Nase, mittlerweile allerdings recht teilnahmslos.

»Ich glaube, ich hab's verstanden«, tönt Mehmet.

Alle nehmen wieder ihre Positionen ein. Der Arm des jungen Syrers passt wieder vollkommen ins Bild. Er vergrößert das Bild, deutet auf ein verschnörkeltes Wort, sagt etwas. Daraufhin spricht der Paprikahändler, nach ihm Mehmet.

»Da steht Jonas' Name. Und hier die Stadt, in der er lebt. Er ist umgezogen. Wohnhaft ist er laut dieses Dokuments in einem Dorf zwischen Jarābulus und Manbiğ.«

»Wo zum Henker ist Manbiğ?« Mehmet fragt den Paprikahändler, der direkt antwortet, ohne den Umweg über irgendwelche Syrer zu gehen.

»Ungefähr vierzig Kilometer von Jarābulus entfernt, landeinwärts«, gibt Mehmet weiter.

»Okay.«

»Also, das war Jonas«, Mehmet nickt dem jungen Syrer zu. Der wischt mit dem Daumen nach links und ein neues Dokument erscheint auf dem Display. Das erkenne ich ausschließlich daran, dass es beim Abfotografieren anders lag.

»Siehst du den IS-Stempel?«, fragt Mehmet und zeigt auf den Stempel.

»Natürlich sehe ich den Stempel.« Ich greife an der Hand des jungen Syrers vorbei zu meinem Tee und leere das Glas in einem Zuge. Mich besorgt zunehmend, dass alle Neuigkeiten immer nur Jonas betreffen.

»Hier steht Lukas' arabischer Name«, erklärt Mehmet und zeigt auf ein verschlungenes Wort.

»Puh«, mache ich.

»Hm?«, macht Mehmet.

»Nichts.«

»Und hier, auf Lukas' Dokument, steht dasselbe Dorf, in dem jetzt auch Jonas gemeldet ist.«

Innerlich jubele ich lauter, als ich es die gesamten letzten Monate vollbracht habe. Meine Kinder sind wieder vereint. Solange sie zusammen sind, wird schon nichts Lebensgefährliches passieren. Ein unerklärlicher Aberglaube, aber ich gebe mich ihm dankbar hin.

»Sie sind umgezogen. In Lukas' Dokument ist auch Viviane erfasst. Die beiden wohnen zusammen, so wie es sich für Mann und Frau gehört.«

Meine Gedanken driften aus dem nahezu fensterlosen Raum und reisen an einen Ort in meinem Gehirn, den ich ungern besuche. Manchmal, wenn ich ganz besonders lange über das Verschwinden meiner Söhne sinniere und es mir deswegen besonders dreckig geht, setzt mein Kopf noch einen oben drauf. Dann hadere ich damit, dass ich bei der Hochzeit meines eigenen Kindes nicht dabei sein konnte. Und wenn ich damit fertig bin und noch Zeit und Kraft habe, mich in finsteren Gedanken zu verlieren, frage ich mich, ob meine Schwiegertochter wohl schon schwanger ist. Wäre sie direkt nach der Hochzeit oder kurz nach der Ankunft in Syrien schwanger geworden, könnte ich rein rechnerisch sogar schon Opa sein. Das hätte mir doch irgendwann mal jemand erzählt, sage ich mir dann. Immerhin bestand eine Weile Kontakt. Wenn es ein Kind gäbe, dann hätte man es mir gesagt, da bin ich sicher. Aber schwanger könnte sie, nachdem der Kontakt abbrach, wirklich geworden sein. Eine Schwangerschaft verschweigt man dem werdenden Großvater nicht. Wenn man sowieso nicht mit ihm spricht, zählt es nicht als Verschweigen.

Ich schüttle mich, um meine Aufmerksamkeit wieder im Hier und Jetzt zu verteilen. Wie schon bei unserem letzten Besuch im Haus des alten Syrers sehen mir acht Augen freudig und erwartungsvoll entgegen.

»Das sind wirklich tolle Neuigkeiten«, sage ich gequält. Nicht, weil es nicht wirklich tolle Neuigkeiten wären. Es ist dieser Tage schlichtweg zuweilen zu schwer, mich aus Zementschuhängsten zu befreien.

14. SEI DAS KROKODIL

Via via. Vieni via di qui. Niente più ti lega a questi luoghi.
Neanche questi fiori azzuri.

Ich bin im »Neuen Haferkasten« in Neu-Isenburg.
Italienische Musik wabert aus den Lautsprechern über
mir. Die unzähligen gerahmten Schwarzweißfotos an
den Wänden zeigen Prominente, die an eben dem
Tisch sitzen, an dem ich nun essen werde. Mehmet
sitzt neben mir. Absichtlich, damit das jordanische Königspaar uns gemeinsam gegenübersitzen kann. »Das
jordanische Königspaar« wiederhole ich in meinem
Kopf und versuche angespannt, nicht debil zu kichern.
Es ist nicht so, als hätte ich noch nie Berühmtheiten
getroffen. Aber einen König? Nein. Wie begrüßt man
einen König? Muss ich mich verbeugen? Muss ich so
etwas wie »Guten Abend, Eure Hoheit« sagen? Was
heißt Hoheit auf Englisch? *Majesty* fällt mir ein und ein
mikroskopisch kleines Stück Anspannung bricht weg.
Der Rest ist noch da. Ein Kellner in gestärktem Hemd
kommt an unseren Tisch und fragt, ob wir schon etwas
trinken wollen. Fast bestelle ich ein Glas Wein, dann
entsinne ich mich und ordere Wasser. Das Königspaar, Mehmet und Said sind Muslime. Ich will nicht
der merkwürdige Christ sein, der seine Nervosität in

153

einem Glas zu ertränken versucht, während um mich herum alle nüchtern sind.

»Meinst du, sie kommen gl…«, setze ich an, doch in dem Moment sehe ich, wie Said einer schönen Kellnerin durch den Raum folgt.

»Ja«, sagt Mehmet und grinst.

Wir stehen auf und ziehen unsere Jacketts glatt. Hinter Said sehe ich den König. Er ist kleiner, als ich vermutet hatte. Vermutlich knapp über 1,70. Ich versuche, mir den Wikipedia-Eintrag zu Abdullah II. ins Gedächtnis zu rufen. Sein Vater war Hussein I., ein bedeutender Mann, der sich viele Jahre für Frieden im Nahen Osten eingesetzt hatte. Seine Mutter, Prinzessin Muna al-Hussein, war die zweite von vier Frauen. Von der ersten und zweiten ließ er sich scheiden, die dritte starb bei einem tragischen Unfall. Insgesamt schenkten sie ihm zwölf Kinder, Abdullah war das Zweitälteste und der erste Sohn. Prinzessin Muna hieß früher einmal Antoinette Avril Gardiner und war die Tochter eines britischen Offiziers. Ich frage mich, ob ich diese Informationen überhaupt brauche. Abdullah II. regiert seit 1999 und hält sich für einen direkten Nachfahren des Propheten Mohammed. Das scheinen immerhin halbwegs nützliche Wissensschnipsel zu sein.

Direkt hinter ihm entdecke ich Rania von Jordanien. Sie ist nicht nur die schönste Königin, die ich je gesehen habe, sondern die schönste Frau überhaupt.

Beide strahlen eine derart überwältigende Erhabenheit und Freundlichkeit aus, dass es mir fast die Sprache verschlägt.

»Achim«, sagt Said fröhlich, als das Gespann an unseren Tisch tritt, »Mehmet! Darf ich vorstellen: Mehmet Bilgiç, Joachim Gerhard. Rania al-Abdullah, Ihre Majestät die Königin von Jordanien. Und König Abdullah II. bin al-Hussein.«

»Freut mich sehr«, stottere ich auf Englisch. König Abdullah II. streckt mir die Hand entgegen. Dankbar nehme ich sie und schüttele so fest es mir trotz Butterknien möglich ist. Dann hält mir auch Königin Rania die Hand entgegen, und ich nehme sie so sanft in meine, dass ich nicht sicher bin, ob ich sie überhaupt berührt habe. Sie strahlt. Nicht so, wie man es über Menschen generell sagt, wenn sie lächeln. Die Königin scheint tatsächlich von innen zu strahlen wie eine Sonne. Wir nehmen Platz und nicken uns höflich zu. Wenn die Spannung noch weiter steigt, zerschellt sie an der Decke. Ich lächle dümmlich, um Zeit zu schinden. Dann ergreift Königin Rania das Wort. Sie spricht mit angenehm tiefer Stimme.

»Gibt es Neuigkeiten?« Aus ihren rehbraunen Augen spricht ehrliches Interesse.

Said und ich haben uns mittlerweile mehrfach getroffen. Bei einem Restaurantbesuch vor ein paar Monaten erzählte er mir, dass die Königin vom Schicksal meiner Familie gehört habe. Wie, wollte ich wissen, und Said grinste und sagte, dass er mir in den vergangenen Wochen nicht ohne Erlaubnis des Königs und der Königin geholfen hatte. Je länger er mir unter die Arme griff, desto neugieriger wurden sie. Also zeigte er der Königin ein Bild.

»Sie sagte, es seien so hübsche Jungs, sie verstünde nicht, was sie in die Arme des IS treiben könnte. Und sie war sehr berührt von deiner aufopfernden Suche«, berichtete er schmunzelnd.

»Das ist sehr freundlich.« Es lag weit, sehr weit außerhalb meiner Vorstellungskraft, dass die Königin oder der König sich länger als fünf Sekunden mit meinen Kindern oder mir befasst hatte.

»Sie würden dich gern mal treffen«, eröffnete Said mir und tupfte sich mit der Serviette über den Mund.

»Natürlich«, willigte ich ein und war absolut sicher, dass das niemals passieren würde.

»Sie sind bald in München und Berlin.«

»Klar, dann sag einfach Bescheid.« *Ha*. Eher lernen Schweine fliegen, davon ging ich fest aus. Saids Hilfe in allen Ehren. Anders als die Araber hat er nie nach Geld gefragt. Es ging ihm immer bloß darum, das Richtige zu tun. Er war überzeugt davon, dass zwei bislang unbescholtene Jungs aus Deutschland nicht ansatzweise in der Lage waren, zu verstehen, in welche Hölle sie sich begeben würden. Ich bin da ganz d'accord. Aber ich bin ja auch ihr Vater.

In der Tat klingelte mein Handy Wochen später.

»Said hat angerufen. Der König und die Königin von Jordanien sind in Deutschland und wollen nach Frankfurt kommen, um dich zu treffen.«

»Hm«, machte ich und lugte vorsichtig aus dem Fenster, um zu sehen, ob die ersten Schweine schon in den Baumwipfeln hockten.

Mehmet hatte den »Neuen Haferkasten« vorgeschlagen. Eine gute Wahl, denke ich, während ich in Königin Ranias besorgte Rehaugen schaue.

»Wir wissen nichts Neues«, beantworte ich ihre Frage. Mein Englisch ist wirklich holprig.

»Ich kann einfach nicht verstehen, dass zwei so junge, so schöne Männer von *hier* weggehen und in den Krieg ziehen.« Die Königin schüttelt den Kopf. Ihr langes mahagonibraunes Haar wippt dabei hin und her. »Was haben die beiden hier gemacht?«

»Jonas, mein Ältester, hat Schauspieler gelernt. Und mein Jüngster, Lukas, hat eine Ausbildung zum Pressefotografen abgebrochen.«

»Ach nein«, sagt Königin Rania, »auch noch Künstler! Künstler sind für den Krieg nicht gemacht. Nun wirklich nicht.«

»Ja, es ist wirklich eine Tragödie«, sagt der König.

Er ist natürlich nicht so schön wie sie, aber welcher Mann ist schon so schön wie eine schöne Frau. Ein gutaussehender Mann ist er allerdings mit Sicherheit.

Der ehemalige Soldat ist noch immer schlank, aber breit gebaut. Sein schwarzes Haar ist fast vollständig ergraut. Die grünblauen Augen sind wachsam. Und ich vermute, sein Lächeln ist der Grund dafür, dass seine Frau wie tausend Sterne zu strahlen scheint. Alles in allem ein unfassbar einschüchterndes Paar.

»Erzählen Sie doch mal, wie das überhaupt passieren konnte«, fordert die Königin. Ich grunze.

»Ich werde es versuchen, aber so ganz genau verstehe ich es noch immer nicht. Und ich brauche sicher zwischendurch Mehmets Hilfe als Übersetzer.«

Also erzähle ich. Davon, wie meine Söhne nach Kassel kamen, davon, wie sie Sebastian trafen, zum Islam konvertierten. Von dem Hassprediger, der scheinbar in der Moschee sein Unwesen trieb. Und von der plötzlichen Flucht.

»Ich höre, Sie reisen sehr viel in die Türkei?«, fragt der König mich, nachdem ich geendet habe.

»Ja. Ich ertrage es nicht, in Deutschland zu sitzen und zu warten«, gebe ich zu.

»Wenn Sie Fernweh haben, besuchen Sie uns in Jordanien«, sagt er und zwinkert. »Seien Sie nicht wie der Stier, der immer nach vorne rennt. Seien Sie das Krokodil, das im Wasser wartet.«

»Das ist außergewöhnlich clever«, bemerke ich und toaste dem König mit meinem Wasser zu. »Sie wissen nicht zufällig irgendetwas Neues?«

»Unser Geheimdienst sagt, dass die beiden in einer Sicherheitszone zwischen Syrien und der Türkei sind.« Und andere Geheimdienste, mit denen sie zusammenarbeiteten, hätten dies bestätigt.

Ich bin ob der Hilfsbereitschaft dieser wildfremden, sagenhaft wichtigen Menschen dermaßen gerührt, dass ich mit den Tränen kämpfe. Nicht vor dem König weinen, denke ich, alles, nur das nicht.

»Was ist das für eine Sicherheitszone?«, fragt Mehmet, und ich bin dankbar, dass er den Fokus kurz von mir weglenkt.

»Sie wird von den Turkmenen kontrolliert. Zwischen Dezember und März soll sie aufgelöst werden. Die Jungen kämen dann automatisch zurück, weil man sie ausliefern würde.« Ich horche auf. Die Gabel voll Fisch sinkt wie automatisch zurück auf den weißen Teller.

»Automatisch?«, frage ich ungläubig.

»Ja«, bestätigt der König, »wenn solche Lager aufgelöst werden, übergibt man die dort Gefangenen einfach an ihre Heimatländer. Was soll man auch sonst mit ihnen tun.« Die Leichtigkeit des Königs beeindruckt mich. Seine besonnene, ruhige Art strahlt, wenigstes für die Zeit unseres Treffens, auf mich ab. Wenn ich auch so ruhig und reflektiert wäre, hätte ich es dann leichter?

»Haben Sie Fotos?«, fragt die Königin. Ich fische

mein Handy aus der Hosentasche und durchsuche die Foto-App.

»Hier«, sage ich und halte ihr das Display unter die Nase, »das ist der Jonas. Und das«, ich wische zum nächsten Bild, »ist der Lukas.«

Königin Rania nimmt das Telefon behutsam in die Hand und reicht es ihrem Mann.

»Sieh nur«, sagt sie, »was für schöne, aufgeweckte Gesichter.«

Said gibt gerade dem Kellner ein Handzeichen, um eine neue Cola zu bestellen, als er sich zu Wort meldet.

»Sie sind keine Kämpfer, sie sind Kinder.« Er ballt seine linke Hand zur Faust. »Unser Land hat 5,9 Millionen Einwohner. 630 000 von ihnen sind offiziell syrische Flüchtlinge. Aber wir gehen davon aus, dass es 1,4 Millionen sind. Wussten Sie das?« Ich habe all diese Zahlen schon mal gehört, aber man hört so viele Zahlen, besonders im Zusammenhang mit Flüchtlingen. Im Grunde vergisst man sie deswegen sofort wieder.

»Das wäre ja jeder Fünfte«, wirft Mehmet ein.

»Ja, genau so ist es«, bestätigt König Abdullah II.

»Es ist eine große Herausforderung. Vielleicht eine zu große«, gibt Königin Rania zu. »Ich bin selbst geflohen. Ich wurde in Kuwait geboren. Als ich gerade zwanzig Jahre alt war, tobte in meiner Heimat der zweite Golfkrieg. Ich verließ das Land. Und heiratete nur drei Jahre später Abdullah. Ich hatte sehr viel

Glück. Meine Familie hatte Geld. Meine Eltern waren Ärzte. Meine Bildung war erstklassig. Die überwältigende Mehrzahl der Flüchtlinge hat diese Voraussetzungen nicht.«

Ich kann mich nicht erinnern, das in ihrem Wikipedia-Eintrag gelesen zu haben. Es stärkt meine aufrichtige Bewunderung für diese Frau, dieses Paar.

»Ich möchte gern jedem Flüchtling die Chance geben, sich ein neues Leben aufzubauen«, fährt sie fort, »aber unser kleines Land kann das nicht leisten. Der IS ist furchtbar. Den Menschen geht es sehr schlecht. Ich vermute, genau damit haben sie Ihre Söhne gelockt?«

»Womit?«

»Mit dem Schicksal der Menschen. Sie verschweigen bloß, dass sie der Ursprung vom Übel sind. Sie locken Europäer, indem sie an ihre Verantwortung appellieren. Ich kenne die Masche.« Ich nicke so heftig, dass es mir fast den Kopf vom Hals reißt.

»Meine Kinder sind keine Mörder. Sie wurden reingelegt. Und sie wollten ja auch raus. Direkt danach sind sie dann verschwunden.«

»Sollten sie in der Sicherheitszone sein, kommen sie bald nach Hause.« Das Lächeln der Königin ist derart herzerwärmend, dass ich fast geneigt bin zu glauben, was sie sagt. Aber ich kann es nicht ganz. Tief in mir ist ein kleines, aufgebrachtes Männchen, das immerzu ruft, meine Söhne seien in Kobane. Ich kann nicht erklären, woher das Männchen kommt, warum es da ist, wie es auf das schmale Brett kommt, die Worte des Königs von Jordanien in Zweifel zu ziehen. Trotzdem ist es nun einmal da.

Der Nachtisch ist ein Gedicht. Früchte der Jahreszeit, Tiramisu, Panna Cotta, Karamellcreme – ich habe die Karte rauf und runter bestellt und großzügig auf dem kleinen Tisch verteilen lassen. Ich mag es, wenn sich einfach jeder nehmen kann, worauf er Lust hat. Es ist geselliger. Und seit sich die anfängliche Angst davor, etwas Unschickliches zu sagen, als unnötig erwies, ist die Atmosphäre ganz sicher gesellig. Wir plaudern über Politik, Kinder, kulturelle Unterschiede, das Wetter.

»Sie sollten uns besuchen«, sagt der König plötzlich. Ich will es auf eine Sektlaune schieben, aber da wir alle vollkommen nüchtern sind, geht das nicht.

»Ehrlich?«, frage ich, und meine Mundwinkel ziehen sich ohne mein Zutun fast bis zu den Augenbrauen hoch.

»Ja, natürlich«, pflichtet Königin Rania ihrem Mann bei, »das wäre ganz wunderbar. Sie können Freunde mitbringen, Mehmet zum Beispiel. Aber auch noch mehr. Wenn Sie mit fünfzehn Leuten anreisen, bekommen wir sie ganz komfortabel unter.«

»Fünfzehn??« Das erscheint mir im ersten Moment doch einen Hauch zu exzessiv. Mit einem Löffel knacke ich die Crème-brûlée-Kruste und bugsiere eine Portion auf meinen Dessertteller.

»Wir haben einen Gästepalast«, erklärt Königin Rania, als sei es das Normalste auf der Welt, überhaupt irgendetwas zu haben, was man als Palast bezeichnen könnte. Selbst wenn mir nicht gerade Vanillecreme den Mund verkleben würde, wüsste ich nicht, wie ich auf dieses Angebot reagieren sollte. Said sprach diese Einladung in der Vergangenheit mehrfach aus. Es fiel relativ leicht, sie als Nonsens abzutun. Von König und Königin selbst ausgesprochen wiegt das Angebot schwerer.

»Ähm«, sage ich wenig eloquent, »gerne!«

Es ist ein schöner Abend. Einer der schönsten, seit meine Kinder weg sind. Zweieinhalb Stunden plaudern wir über Gott und die Welt. Irgendwann vergisst man, wen man vor sich hat. Dann sind selbst König und Königin bloß noch Menschen. Herzliche Menschen, die Anteil nehmen. Denen meine Geschichte nicht egal ist. Die meine Kinder nicht verurteilen.

Wir nehmen unsere Jacken und versprechen, über Said in Kontakt zu bleiben. Nach jedem Telefonat richtet er Grüße aus. Immer wieder betont er, dass die Einladung stünde. Ich glaube ihm. Und eines Tages, daran besteht kein Zweifel, werde ich die Einladung annehmen. Jetzt, in diesem Moment, habe ich keinen Kopf dafür. Solange meine Söhne nicht aufgetaucht sind, bringe ich es nicht übers Herz, mich in einen Palast zu setzen und das Leben zu genießen. Nicht so.

Nicht jetzt. Aber ich weiß, dass ich irgendwann fliegen werde. Wenn das Schicksal es gut mit mir meint, dann fliegen Jonas, Lukas und ich gemeinsam. Darauf freue ich mich schon. Und ich habe das Gefühl, der König und die Königin freuen sich auch.

15. TRENNUNGEN

Es gibt die Eltern, deren Kinder sich dem »Islamischen Staat« angeschlossen haben, und es gibt die Eltern, die sich nicht in tausend Jahren vorstellen könnten, dass ihre Kinder sich dem IS anschließen. Dazwischen gibt es nichts. Ich möchte damit gar nicht sagen, dass jedes Kind sich potentiell entscheiden könnte, in Syrien oder sonst wo auf der Welt für die Sache des »Islamischen Staates« einzustehen. Das glaube ich nicht. Aber ich bin davon überzeugt, dass es wesentlich mehr sind, als wir vermuten. Es sind keine schlechten Kinder, keine bösen Menschen, keine Monster, bei denen jegliche Erziehung versagt hat. Es gibt verschiedenste Gründe.

Natürlich wird es auch solche geben, die sich dem IS anschließen, weil sie eine perverse Lust am Töten verspüren. Oder weil sie die Sache des IS für gerecht und die Morde für gerechtfertigt halten. Insbesondere im Westen ist das jedoch, so schätze ich, eine Minderheit. Man sieht das ganz gut an den Inhalten, mit denen der IS Jugendliche und Erwachsene an verschiedenen Punkten abholen will.

Der »Islamische Staat« bedient eine fast schon absurd ausgeklügelte Medienmaschine. Es gibt IS-Twitteraccounts und wackelige Handyvideos von IS-

Kriegern, die Ermordungen und Warnungen an den Westen zeigen. Diese Videos sind für junge Europäer aller Wahrscheinlichkeit nach nur höchst selten ein Anreiz. Sie zeigen Erschießungen, Enthauptungen mit Kettensägen und Menschen, die in Käfigen ertränkt werden. Sie sind derart grausam, dass sie mir, einem nicht unbedingt zimperlichen, gestandenen Mann, im besten Fall Gänsehaut und so manches Mal auch Würgereiz bescheren. Es wird nichts geschönt oder angedeutet. Man sieht alles – und ich führe absichtlich nicht aus, was dieses »alles« beinhaltet.

Ich denke, meine Kinder hätten solche Videos abgeschreckt. Es sind aber auch nicht diese Bilder, die junge deutsche Menschen sehen sollen. Videos für europäische oder nordamerikanische Jugendliche sind auf Hochglanz poliert. Sie muten an wie Hollywoodfilme. Es ist grotesk. Der IS bedient sich einer Ästhetik und der Techniken eines Kulturkreises, dessen Mitglieder er selbst als *kuffar*, also als Ungläubige und Gottesleugner, ablehnt. Auf amerikanische Flugzeuge soll man schießen, an amerikanischen Filmen soll man sein Handwerk studieren. Es ist über alle Maßen perfide.

Die daraus resultierenden Videos sehen aus wie typische Reisewerbespots, die wohl jeder hierzulande kennt. Doch statt »Besuchen Sie Kanada« heißt es plötzlich »Besucht den Islamischen Staat – und kehrt nie wieder zurück«.

Warum sollten Jugendliche das tun? Was sollte sie

dazu motivieren, die Heimat, Familie, Freunde, Arbeit oder Ausbildung zurückzulassen und gegen ein Leben voll Ungewissheit, Gefahr und Leid zu tauschen?

Ich bin mittlerweile davon überzeugt, dass der Mensch glauben will. Glauben ist schön. Er gibt dem Leben Sinn und Sicherheit, verschafft ein Gefühl von Gemeinschaft und Zusammengehörigkeit. Die jungen Leute heutzutage haben kaum Sicherheiten. Ihnen wird vom ersten Schultag an eingebläut, dass sie flexibel sein müssen. Ihre Großeltern arbeiteten noch ein ganzes Leben im selben Betrieb. Es war keine Schande, sondern galt als höchst erstrebenswert. Welch höheres Gut als eine feste Stelle und ein ebenso festes Einkommen hätte es geben können. Eventuell erlebten ihre Eltern noch dieselbe Situation. Oder sie taumelten geradewegs in die Ungewissheit des modernen Arbeitsmarktes. Exakt diese Ungewissheit ist es, die auch unsere Kinder erwartet. Haupt- und Realschulabschlüsse werden von großen Teilen der Gesellschaft als völlig inakzeptabel beiseitegewischt. Abitur muss das Kind haben und studieren soll es auch. Nun sitzt es im fünften Semester im Hörsaal und steht kurz vor dem ersten Burnout, weil noch keine Arbeitsstelle für die Zeit nach dem Abschluss in Sicht ist.

Gleichzeitig war Deutschland noch nie so wenig religiös wie heute. Die Kirchen stehen leer, vielerorts werden sie sogar geschlossen. Kaum jemand kennt noch einen praktizierenden Christen. Wenn doch, wird er ein wenig behandelt wie jemand, der nicht ganz zurechnungsfähig ist, aber harmlos und ziemlich naiv.

Bei Muslimen weht ein anderer Wind. Sie nehmen ihre Religion oft extrem ernst. Während Kirchen Schlag auf Schlag den Riegel vor ihrer Tür vernageln, werden im ganzen Land Moscheen gebaut. Ich habe damit, wie schon erwähnt, überhaupt kein Problem. Ich denke auch trotz allem nicht, dass der Islam eine schlechte Religion und Muslime böse Menschen sind. Doch es bleibt nun einmal dann und wann nicht beim Islam. Hat man Pech, zeigt der Islamismus seine hässliche Fratze zum falschen Zeitpunkt und raubt die Kinder, bevor man als Elternteil verstanden hat, was gerade vor sich geht.

»Der Islamische Staat ist der einzige Ort auf der Welt, an dem du deine Religion frei ausleben kannst.« Das ist es, was die Propagandisten des IS den Jugendlichen vermitteln. Nur der sogenannte Kalifenstaat kann ihnen ein ruhiges und erfülltes Leben bescheren – wenn sie ihn denn mit aufbauen. Sie haben leichtes Spiel, wenn diese jungen Menschen in Deutschland und anderswo in der westlichen Welt hauptsächlich auf Ablehnung stoßen. In den Moscheen und im Internet werden sie geködert, abgeholt. Es gibt Dutzende Accounts auf den Seiten der sozialen Medien Facebook und Twitter. Immer wieder lassen die Unternehmen solche Identitäten löschen. Vergebens. Es tauchen einfach neue auf. Alternative Plattformen werden genutzt, um bereits angefixte Jugendliche mit Informationen zu versorgen.

YouTube ist eine der beliebtesten Internetseiten, und sie ist voll mit Videos, die junge Leute auf den »rechten Weg« führen sollen. Stets beginnen sie harmlos, wollen offenbar nur dabei helfen, auch in Deutschland ein gottesfürchtiges und gottgefälliges Leben zu führen. Wer sich jedoch, wie die sogenannten *digital natives*, von Clip zu Clip hangelt, landet sehr schnell auch bei Botschaften, die radikaler, gefährlicher und direkter sind.

Die IS-eigenen Medienzentralen wurden mittlerweile so oft gehackt, dass sie in dunklere Ecken des Internets, in das Darknet, umgezogen sind. Sie sind schwerer zu finden, aber auch schwerer anzugreifen. Immerhin wird es so nahezu unmöglich, leicht beeinflussbare Jugendliche bei ihrer Suche nach dem Selbst, nach Sinnhaftigkeit und Bedeutung, abzufischen.

Neben dem einzig wahren Ausleben der Religion im fernen »Islamischen Staat« gibt es ein zweites Hauptargument, das nur allzu gern herangezogen wird, um jungen Deutschen den letzten Schubs zu geben. Es geht um Verantwortung. Die Verantwortung den Muslimen in Syrien, im Irak, im Libanon gegenüber, die dort jeden Tag für den rechten Glauben sterben, während die deutschen Kids übersättigt vor ihren Flachbildschirmen hocken und mit dem Ego-Shooter Krieg spielen. Im Vorwort der vierzehnten Ausgabe des islamistischen Onlinemagazins »Dabiq«, vom IS verfasst und herausgegeben, steht: »Seit fast zwei Jahren sehen Muslime im Land des *Khilāfah* dabei zu, wie ihre geliebten Brüder, Schwestern und Kinder schonungslos von Kreuzritterkriegsflugzeugen bombardiert werden. Szenen von Gemetzel, Blut und Gliedmaßen, in den Straßen verteilt, sind für Gläubige an der Tagesordnung. Die Sehnsucht nach Rache wurde gesät und wächst stetig in den Herzen der trauernden Witwen, notleidenden Waisen und einsamen Soldaten. Die Früchte können jetzt geerntet werden.«

Auch meine Söhne fielen auf diese Masche rein. Sie sagten mir, dass es eine Schande wäre, wie sie in Deutschland gelebt hätten, während ihre Glaubensbrüder im Krieg fielen. Der Westen, allen voran die Amerikaner, seien das eigentliche Problem.

»Die töten wehrlose Frauen und Kinder«, berichtete Jonas aufgebracht. »Darüber schweigen die Medien natürlich.« Ein schlechtes Gewissen ist ein simples, aber unglaublich effektives Mittel, um junge, konvertierte Muslime aus Deutschland für die eigene Sache zu gewinnen.

Auch deswegen ist es keine Schande für die Eltern, wenn die eigenen Kinder sich dem »Heiligen Krieg« anschließen. Natürlich befürworte ich nicht, was meine Söhne getan haben. Ich halte es für grundfalsch, sich dem »Islamischen Staat« anzuschließen. Aber

ich schäme mich nicht. Gerade, weil ich davon überzeugt bin, dass meine Kinder keine säbelrasselnden
Wahnsinnigen sind, die in Syrien Krieg spielen wollen. Vielmehr waren meine Jungs auf der Suche, sie
waren sich nicht sicher, ob das Leben, das sie führten,
richtig ist, und sie waren zugänglich für ausgefuchste
Propaganda eines radikalen Islamismus. Oft frage ich
mich, ob sie auch gegenüber einer anderen radikalen
Strömung, einer Sekte oder einer politischen Gruppe,
ähnlich empfänglich gewesen wären. In ihrer Schulzeit
und während ihrer Jugend hatte ich nie den gerings-
ten Anlass, eine solche Schwäche gegenüber extremen
Ideologien bei ihnen anzunehmen. Immer waren sie
kritisch, vielleicht ein bisschen zu unpolitisch, aber
immer offen und tolerant gegenüber anderen. Himmel
Herrgott, Lukas wollte sogar Pressefotograf werden.
Und nur Monate nach seiner abgebrochenen Lehre
sprach er plötzlich von den Lügen der Medien, davon,
dass ihre Syrien-Berichterstattung getürkt sei. Nahezu
alle Eltern in einer mit meiner vergleichbaren Situation, die ich bisher traf, sehen das leider ganz anders.

Ein Schicksalsschlag wie der meinige führt zwangs-
läufig dazu, dass man in Kontakt mit Menschen tritt,
denen es ähnlich erging. Eine Mutter und einen Vater
traf ich in Kassel zum Abendessen. Es war womöglich
der erste Restaurantbesuch nach dem Verschwinden
ihres Sohnes.

»Wir gehen eigentlich gar nicht mehr aus«, sagte die Mutter leise zu mir, nachdem wir an einem Tisch in der hintersten Ecke des Raumes Platz genommen hatten. Überhaupt sprach das Ehepaar die gesamte Zeit nur im Flüsterton. Zu groß die Scham und zu übermächtig die Angst davor, jemand könne mitbekommen, welch unaussprechliche Entscheidung ihr Kind getroffen habe.

»Ah, Achim!«, rief der Kellner aus der Ferne, als er mich erkannte. Die Eheleute liefen augenblicklich rot an.

»Wir wussten nicht, dass man dich hier kennt«, sagte der Vater besorgt. Es schien, als würden sie sich am liebsten Tüten über den Kopf ziehen und bewegungslos dort sitzen, bis der Abend endlich vorüber wäre.

»Ehrlich gesagt, wäre es uns lieber gewesen, uns bei dir im Haus zu treffen«, gestand die Frau.

»Das sagst du nur, weil du meine Kochkünste noch nie ertragen musstest«, sagte ich und lachte, um die angespannte Atmosphäre aufzulockern.

»Und, gibt es Nachricht von den Kindern?«, fragte der Kellner, als er an unserem Tisch angekommen war. Ich sah zwischen seinem freundlichen Lächeln und den versteinerten Mienen der Eltern hin und her.

»Nicht viel«, antwortete ich, entschlossen, mich von der Panik der zwei nicht beeinflussen zu lassen, »wir haben sie noch immer nicht gefunden. Aber es gibt neue Erkenntnisse. Ich fliege wohl bald wieder.« Die Münder des Paares standen mittlerweile so weit offen, dass ich befürchtete, sie könnten jederzeit den Tisch verschlucken.

»Aye Achim, aber pass gut auf dich auf, ja?«, mahnte der Kellner und knuffte mir freundschaftlich in die Seite. »Ich bringe euch mal Speisekarten.«

In der Sekunde, in der unser Kellner außer Hörweite war, fand wenigstens der Mann seine Sprache wieder.

»Du erzählst Leuten davon?«, fragte er. Zuerst missverstand ich seinen Tonfall als ehrfürchtig, aber aus seinen weitaufgerissenen Augen sprach blankes Entsetzen. Ich runzelte die Stirn.

»Warum nicht?«, fragte ich angriffslustig. »Meine Kinder sind auf diese widerlichen Kriegstreiber reingefallen. Die meisten Leute haben Mitleid. Alle anderen können mir gestohlen bleiben.« Die Mutter rutschte noch tiefer ihren Stuhl herunter. Bald könnte man über die karierte Tischdenke hinweg nur noch Stirn und Haaransatz sehen, dachte ich.

»Meine Frau wurde gekündigt, als ihr Arbeitgeber Wind von unserer Situation bekam.«

»Was?« Ich war fassungslos. Nicht einmal im Traum wäre mir eingefallen, dass so etwas möglich wäre. Die Gnade der Selbständigkeit, dachte ich und schwieg betreten.

Im Nachklapp unseres Treffens wurde mir bewusst, dass solche Probleme eher die Norm sind als meine privilegierte Situation. Selbst die Eltern von Viviane, der Angetrauten meines Jüngsten, haben sie ja aus der Familie verstoßen und weigern sich, ihr zu helfen oder irgendeinen Kontakt mit ihr zu haben. »Viviane ist für uns tot«, sagte mir ihr Vater einmal.

Mich stimmt diese Reaktion traurig. Statt für Ablehnung und Strafen durch die Gesellschaft möchte ich dafür appellieren, dass wir betroffene Familien unterstützen. Ein Versteckspiel macht nur mürbe. Das ist es eben, was der IS will. Er will, dass wir unsere Kinder verleugnen, unsere Klappe halten und heimlich trauern. Er will nicht, dass wir uns zusammentun, für unsere Kinder kämpfen und ihnen signalisieren, dass sie bei uns willkommen sind, wenn sie gemerkt haben, wie der IS sie hinters Licht geführt hat. Allein schon aus diesem Grund sollten wir genau das tun. Um dem IS und seinen Unterstützern und Nutznießern die Stirn zu bieten. Wenn wir unsere Kinder verstoßen, hat die IS-Propaganda gewonnen, und wir treiben immer mehr desorientierte und anfällige junge Menschen in deren Arme. Deshalb werde ich nicht aufhören, von meinen Söhnen zu erzählen. Und wenn sich andere Eltern von ihren Kindern lossagen, wie bei Viviane, werde ich an ihrer statt einspringen. Dann ist sie eben ab sofort meine Tochter. Immerhin ist sie mit meinem Jüngsten liiert. Und sie sollen nie vergessen, dass daheim jemand auf sie wartet. Und, wenn es sein muss, für sie auf die Hinterläufe steigt.

Dass ich keinen Hehl daraus gemacht habe, wohin

meine Söhne verschwunden sind, hat mir ungeheuer geholfen, und ich habe dadurch neue Freunde bekommen und von Menschen Unterstützung erhalten, von denen ich es nie erwartet hätte. Einige wenige mir nahestehende Menschen habe ich allerdings verloren.

»Und ihr zwei, wo feiert ihr Weihnachten?«

Es war Dezember, draußen tanzte Schnee durch den Wind und landete schließlich auf dem Boden, von den anderen Flocken nicht mehr unterscheidbar. Ich saß mit meiner Freundin Angelika und ihrer Freundin in einem Café in der Kasseler Innenstadt. Kurz fragte ich mich, ob Geli ihre Freundin darauf angesetzt hatte, genau diese Frage zu stellen. Dann wischte ich den Gedanken fort und antwortete ehrlich:

»Ich feiere dieses Jahr nicht.«

Ich merkte sofort, dass meine Antwort falsch war. Nicht falsch im Sinne von *gelogen*, aber falsch im Sinne von *nichtakzeptabel*. Geli fixierte ihre Freundin über den Tisch hinweg mit den Augen und atmete tief aus. Ich wappnete mich für die weitere Befragung. Das schien die Bedeutung dieses Signals zu sein. Und ich behielt recht.

»Was machst du denn dann?«, fragte Gelis Freundin unschuldig und nippte an ihrem Kaffee. In den feinen Härchen auf ihrer Oberlippe klebte ein feiner Milchfilm. Sie tupfte sich mit einer Serviette über den Mund.

»Ich bleibe einfach zu Hause. Ursula kommt, und

wir reden über die Kinder.« Geli schnaubte wieder, diesmal spöttisch. Ich wendete mich ihr zu. Wir saßen nebeneinander, meinen Arm hatte ich um ihre Schulter gelegt. Verletzt zog ich ihn weg und harrte der Worte, die nun kommen würden.

»Achim feiert Weihnachten also mit seiner Ex«, sagte sie und lächelte eisig. Mit einem Mal wurde es im Café kälter als draußen im Dezemberwind. Ich sagte nichts, verschränkte meine Hände ineinander. Nach kurzem Schweigen sah ihr Angelikas Freundin direkt in die Augen.

»Habt ihr auch gelesen, dass jemand 3408 Tuben Zahnpasta geklaut hat?«, fragte ich. »Was macht man bloß mit so viel Zahnpasta? Das ist ja fast schon Loriot.« Gelis Freundin lachte, besann sich dann aber. Es war eben gerade nicht erlaubt, mich amüsant oder unterhaltsam oder auch nur ansatzweise nicht furchtbar zu finden. Also sagte ich nichts mehr. Wir blieben noch ungefähr eine Viertelstunde, dann verabschiedeten wir uns alle mit Küsschen auf die vom Schnee genässten Wangen und Geli stieg mit mir in meinen Wagen.

Zwei, drei Ampeln passierten wir, ohne ein Wort zu sagen. Dann hielt ich es nicht mehr aus.

»Was sollte der Kommentar eben?«, fragte ich gereizt.

»Welcher?« Geli klimperte mit den Wimpern.

»Der, dass ich Weihnachten mit meiner Frau feiern würde.«

»Aber es stimmt doch.«

Nun war ich es, der seufzte.

»Nein. Ich feiere nicht. Wir werden gemeinsam im Wohnzimmer sitzen, alte Familienalben durchblättern und furchtbar schlechte Laune haben.«

Geli zog eine Augenbraue hoch und starrte auf die sich langsam von rechts nach links bewegenden Scheibenwischer.

»Ich will dir das Fest nicht mit meiner schlechten Laune verderben«, fügte ich beschwichtigend hinzu. Gelis Mundwinkel kräuselten sich.

»Bumst du deine Frau auch noch?«

Ich sagte nichts. Mir war klar, dass mein Schweigen eventuell als Geständnis gedeutet werden würde. Aber ich war schlicht und ergreifend zu schockiert. An der nächsten Kreuzung bog ich ab.

»Wo fährst du hin?«, fragte Geli verwundert.

»Ich fahre dich nach Hause.« Danach sprach keiner von uns beiden mehr ein Wort. Auch nicht, als ich vor ihrer Tür hielt, Geli aus dem Auto stieg und durch den Neuschnee davonstapfte.

Ich trenne mich, wurde mir in diesem Moment klar, und eine ganz neue Art von Trauer überkam mich. Ich war seit Monaten nichts als niedergeschlagen, aber dieses Gefühl war anders. Dabei konnte ich Geli gut verstehen. Ich hätte es bestimmt auch nicht so toll gefunden, wenn sie mit ihrem Exfreund die Feiertage verbracht hätte, anstatt mit mir irgendwo im Schnee gemütlich zu feiern, wie wir das schon öfter gemacht hatten. Aber das war eben vorher. Bevor meine Söhne verschwanden. Jetzt war alles anders, und vor allem ich war ein anderer. Früher hatte ich stets zwei offene Ohren und starke Schultern, habe versucht, in einer Beziehung immer ein Fels in der Brandung zu sein. Und jetzt war da nur noch die alles bestimmende Suche nach meinen Söhnen, und ich bin es, der etwas Zuspruch dringend nötig hätte.

Als ich am Abend mit einem Glas Wein allein im Dunklen saß, ließ ich die letzte Zeit mit Geli vor meinem geistigen Auge Revue passieren. Immer mehr Anzeichen fielen mir auf, dafür, dass wir uns fremd geworden waren.

Ich erinnerte mich an einen Abend vor ein paar Wochen, Angelika schien merkwürdig still. Es musste wirklich auffällig gewesen sein, denn das Gefühl durchbrach selbst meine eigene Abwesenheit.

»Was ist los, Schatz?«, fragte ich, obwohl ich mich an diesem Abend kaum auf etwas anderes als meine Kinder konzentrieren konnte. Immerhin waren sie erst vor etwas über vier Wochen abgehauen. Im Fernsehen lief irgendein Film, aber ich bekam gar nicht mit welcher.

»Ach, nichts«, antwortete Geli und kuschelte sich in meinen Arm. Ich beließ es dabei. Geli ruckelte hin und her.

»Also, das heißt, eigentlich ist schon was. Und wo du schon fragst. Du kannst mir bestimmt helfen.«

»Hm? Wie denn, Schatz?« Ich hatte nur mit halbem Ohr zugehört, aber das schien die richtige Frage zu sein. Meine Freundin richtete sich kerzengerade auf und strahlte mich an.

»Ich wusste, auf dich kann ich mich verlassen. Es ist eine Kleinigkeit. Deine Leute, könnten die bei mir noch dieses Jahr das Balkongeländer neu machen? Das machen die mit links.« Ich spürte, dass mein Kopf rot wurde. Wirklich?, fragte es in mir, meine Kinder sind vom Erdboden verschluckt, aber du kümmerst dich um dein blödes Balkongeländer. Ich schüttelte den Kopf.

»Nein«, sagte ich, so beherrscht ich konnte, »dafür haben meine Leute jetzt keine Zeit.« Den ganzen Rest des Abends lag Geli am anderen Ende der Couch und spielte auf ihrem Laptop. Im Fernsehen lief noch der Film. Aber nichts von alledem kam tatsächlich an mich heran.

Kurz nach dem Cafébesuch trennte ich mich von Geli. Ein paar Wochen später schrieb ich ihr trotzdem noch einmal. Mir ging es schlecht. Stunden wälzte ich mich auf dem Sofa hin und her, bis ich schließlich mein Handy in die Hand nahm, WhatsApp öffnete und den Chat mit Angelika auswählte.

»Kannst du vorbeikommen?«, tippte ich. »Es geht mir nicht gut.«

Ich wartete. Unruhig schritt ich im Wohnzimmer

auf und ab. Endlich sah ich an der Anzeige direkt unter ihrem Namen, dass sie gerade eine Antwort verfasste.

»Ich habe kein Benzin im Tank und kein Geld, um tanken zu gehen.« Mehr stand dort nicht. Ich zog scharf Luft durch die Zähne, schnappte mir meine Jacke vom Haken im Flur, setzte mich in mein Auto und fuhr zu ihr.

Ich dachte nicht groß darüber nach, warum ich das tat. Ich wusste nur, dass mir die Decke auf den Kopf fallen würde, wenn ich nur eine Sekunde länger in meinem Haus bliebe. Die paar Schritte vom geparkten Wagen bis zu Gelis Haustür joggte ich schon fast. Auf mein Klingeln hin hörte ich Schritte. Ihre Mitbewohnerin öffnete die Tür.

»Hallo Achim!«, sagte Anne und schaute mich leicht verwundert an.

»Hallo«, sagte ich, »ich möchte zu Geli.« Anne sah mich überrascht an.

»Geli ist gerade zu einer Freundin gefahren«, antwortete sie, wir sahen uns ratlos an und verabschiedeten uns dann schnell. Draußen auf der Straße sah ich mich um. Gelis Auto war nirgends zu sehen. Danach meldete ich mich nie wieder.

16. HOFFNUNG

Ich bin im Büro, als mich der Anruf erreicht. »Mehmet« steht auf dem Display meines Telefons, und ich bin nervös, schon bevor ich das Gespräch annehme.

»Wir können sie abholen«, sagt er ohne Umschweife. Es ist elf Uhr morgens, einige meiner Angestellten sind dabei und sehen gebannt zu, während ich mich, das Telefon ans Ohr gepresst, auf einen Stuhl sinken lasse.

»Seid ihr sicher?«, frage ich, die Ellenbogen auf die Knie gestützt, um nicht das Gleichgewicht zu verlieren.

»Ja«, sagt er, und ich weine, wie so oft. Meist aus Verzweiflung, aus Angst und vor Unwissenheit, der Ohnmacht wegen, die ich ob der Situation spüre. Aber dieses Mal weine ich, weil von dem Kloß in meinem Hals ein kleiner Brocken abgeschlagen wurde. Weil das Atmen plötzlich leichterfällt. An der Wand hängt ein Kalender, den September aufgeschlagen. Noch ein paar Tage, dann ist Oktober. Dann sind sie seit einem Jahr fort. Auch Mehmet geht die Situation nah; ich höre es an seiner Stimme.

»Du bekommst deine Kinder zurück«, sagt er, und ein Schluchzen kriecht aus meiner Kehle.

Ich lege auf und platziere das Handy sachte auf meinem Schreibtisch, so als sei es aus Glas. Hannah, Bernd und all die anderen kommen zu mir herüber. Sie trauen sich nicht zu sprechen, wagen nicht zu fragen, ob die Nachrichten gut oder schlecht sind. Hände ruhen auf meinen bebenden Schultern, ich weiß nicht, wem sie gehören.

»Sie leben. Wir haben sie«, bringe ich heraus. Dann versinke ich in Umarmungen, Wangenküssen und Freudentränen.

Alles muss schnell gehen. Ich habe keinen Beweis gesehen, aber ich hoffe. Ich kann nicht anders. Es ist Teil meiner Natur. Ich muss einfach hoffen. Wenn ich aufhöre zu hoffen, höre ich auf zu sein.

Bernd fährt mich sofort zu mir nach Hause. Häuser, Bäume und die Straße rasen vor dem Fenster an uns vorbei, wie die Tränen, die ohne Unterlass über mein Gesicht rennen. Dieses Mal ist es anders. Die Farben sind heller, die Luft klarer. Die ganze Welt scheint verändert. Dieses Mal ist es wahr.

Kaum ist der Motor aus, reiße ich erst die Autotür und dann die Haustür auf, stopfe etwas Kleidung in eine Tasche. Bestimmt wieder keine Socken, denke ich, aber es ist mir egal. Meinetwegen empfange ich meine Kinder auch nackt. Irgendwie muss ich sie ja auch bestrafen.

Auf dem Weg zum Flughafen in Frankfurt sammeln

wir Mehmet ein. Aus seinem kleinen Rollkoffer hängt ein Kleidungszipfel. Er hat genauso wirr gepackt wie ich.

Die Stunden in der Wartehalle sind zäh und ziehen sich immer länger, wie Kaugummi unterm Schuh. Meine Nerven spannen sich bis kurz vorm Zerreißen. Ein Unwetter ist dafür verantwortlich, dass unser Flug erst immer weiter verschoben und nach etlichen Stunden ganz abgesagt wird. Uns bleibt nichts, als in ein Hotel zu gehen und den ersten Flug am Morgen zu nehmen. Lass es kein schlechtes Omen sein, bete ich. Ich bin mir nicht sicher, zu wem ich bete. Gott, Allah, Petrus. Ich bete ins Leere. Im Zweifelsfall wird's schon der Richtige mitbekommen.

Hotelzimmer sind unpersönlich, aber so schlimm finde ich das dieser Tage gar nicht. Nichts in ihnen erinnert mich auf Schritt und Tritt an Jonas und Lukas. Keine Bilder, keine Erinnerungen, keine Besitztümer. Einzig mein Handy verbindet mich dann mit ihnen, mein Handy, auf das ich Stunde um Stunde starre, statt zu schlafen. Mein Handy, mit dem mir heute verkündet wurde, meine Söhne seien wohlauf und bald in meinen Armen. Mein Handy, mittels dessen mir vor einem halben Jahr per WhatsApp mitgeteilt wurde, meine Söhne seien für Allah gestorben. Sie seien im Paradies, hieß es. Ich glaube nicht, dass das hier für irgendjemanden das Paradies ist. Das hier ist die Hölle auf Erden. Die IS-Hölle. Aber eine Hölle mit Haltbarkeitsdatum. Und das lief heute ab.

Fast ein Jahr, denke ich, während ich mich in meinem Hotelzimmerbett wälze, aufstehe, durch den kleinen Raum schreite, auf mein Handy starre, mich wieder hinlege. So viel ist seitdem passiert. So viel und doch gar nichts. Meine Suche und ich, wir sind ein Perpetuum mobile.

Am nächsten Morgen nehmen wir die erste Maschine nach Istanbul, fliegen von dort weiter nach Gaziantep. Der Taxifahrer wartet bereits. Dieser typische Neuwagengeruch hüllt uns ein, während wir in die Grenzstadt fahren. Wie schafft er es nur immer, dass dieses Auto bei jeder Fahrt riecht, als wäre es brandneu?

Der Taxifahrer kurbelt das Fenster herunter, Stadtgeräusche drängen ins Auto, aber sie erreichen mich nicht. Jeder Meter, den wir hinter uns bringen, ist einer, der mich näher zu Jonas und Lukas bringt. Wie sie wohl aussehen, frage ich mich, ob sie Angst haben und was sie wohl gerade tun. Die Gedanken rasen durch meinen Kopf, während der Wagen über asphaltierte Straßen gleitet.

»Wie sieht es aus?«, fragt der Taxifahrer in die Stille. Mehmet schmunzelt und blickt auf seine Hände, bevor er antwortet.

»Gut«, sagt er, »es sieht sehr gut aus.« Der Taxifahrer lächelt und drückt das Gaspedal durch. Nach zweieinhalb Stunden erreichen wir das Haus vom Schreihals.

Die Frau des Schreihalses öffnet uns die Tür. Sie ist noch kleiner als ihr Mann, aber auch runder. Sie trägt ein freundliches Lächeln und ein farbenfrohes Kopftuch, das ihr locker auf die Schultern fällt, als sie uns Tee und Kekse serviert. Die Tochter und ihr kleines Kind halten sich höflich im Hintergrund, während wir uns auf den Sofas im Wohnzimmer niederlassen und zum gefühlt hundertsten Mal besprechen, wie der Stand der Dinge ist.

Der Schreihals, Mehmet, der Taxifahrer, der Paprikahändler, der junge und der alte Syrer und ich sitzen auf grünen Sofas um den großen Tisch, abwechselnd schweigen wir und reden durcheinander. Das Parfüm des jungen Syrers erfüllt den ganzen Raum. Es wirkt fast, als könne man die unzähligen gerahmten Blumenbilder, die die sonst kahlen Wände schmücken, riechen.

Ich gebe mein Bestes, Gelassenheit auszustrahlen, presse all meine Fragen mit der Zunge gegen den Gaumen, doch mein Herz droht, aus meiner Brust zu springen, als der junge Syrer ein Foto aus seiner Jackentasche fingert. Seit März, seit mein Handy mit der Todesanzeige vibrierte, habe ich nur ein einziges Bild gesehen. Ein stark verpixeltes Bild, auf dem kaum etwas zu erkennen war. Aber daran denke ich nicht. Ich denke nur daran, ihre warmen, lebendigen Körper in die Arme zu schließen, als ich das Foto mit bebenden Händen entgegennehme.

Es ist Jonas. Man kann erahnen, dass jemand neben ihm sitzt, doch die zweite Person ist abgeschnitten. Er hat zugenommen, trägt ein rot- und weißgemustertes Kopftuch und einen Kinnbart. Unter seinen lebhaften Augen prangen dunkle Ringe. Mehr sehe ich nicht. Durch meine Tränen wirkt alles um mich herum wie durch ein regennasses Fenster, und meine Hände zittern so sehr, dass ich befürchte, das Bild jede Sekunde fallen zu lassen. Doch ich klammere mich daran, als ginge es um mein Leben. Es ist wahr, denke ich, sie leben. Sie leben, und der junge Syrer hat sie für mich gefunden. Minutenlang sagt niemand ein Wort, mein eigener Atem kommt mir unendlich laut vor, weil er das einzige Geräusch zu sein scheint, das auf der Welt übriggeblieben ist. Ohne etwas zu sagen, stehe ich auf und gehe hinaus in den Hof. Die warme Luft schlägt mir entgegen, und die Sonne scheint, trotz des Schattens, so hell, dass ich kaum etwas sehe, während ich auf und ab schreite.

Ich weiß nicht, wie lange ich schon im Hof bin, es kommt mir wie eine Ewigkeit vor. Leichter Wind trocknet mein tränennasses Gesicht und mein Herz, mein Magen, meine Lunge scheinen in meinem Körper umherzupurzeln wie Kinder in einem Autoscooter. Alles ist plötzlich so klar und gleichzeitig derart überwältigend; nichts scheint mehr, wie es vor ein paar Minuten noch war. Es kommt mir fast merkwürdig vor, dass die Vögel weiterhin singen, dass die Erde sich noch immer genauso schnell dreht, dass die Wolken noch immer über den Himmel huschen, als wäre nichts geschehen. Sie leben, denke ich, und für mich sind die Vögel, die Erde und die Wolken nicht dieselben wie am Tag zuvor.

Als Mehmet kommt, um nach mir zu sehen, habe ich mich ein wenig gesammelt. Er legt seine Hand auf meinen Ellenbogen und führt mich behutsam zurück ins Wohnzimmer, in dem noch immer alle zusammengedrängt auf ihren Plätzen sitzen und stumm an ihrem Tee nippen. Ich gehe direkt zum jungen Syrer, er muss ungefähr Anfang dreißig sein.

»Danke«, sage ich und meine Stimme kommt mir unnatürlich rau und belegt vor, »danke für alles, was du für meine Kinder tust.«

Der kräftige Mann erklärt mir, dass seit ein paar Tagen kein Telefonkontakt mehr besteht. Das passiert häufiger, die Amerikaner und Türken unterbrechen immer wieder die Verbindungen zu ganzen Landstrichen. Deswegen könne ich die beiden nicht, wie vereinbart, vom Dach eines nahe gelegenen Hauses sehen. Es gäbe keine Möglichkeit, ihnen mitzuteilen, dass sie zum vereinbarten Punkt auf syrischer Seite gehen sollen. Wir machen uns trotzdem auf den Weg. Zu Fuß sind es nur ein paar Minuten.

Das Dach erreichen wir durch den Hausflur und über eine Leiter, deren Wackeln mich schon wieder ein Stoßgebet gen Himmel schicken lässt. Vorsicht ist besser als Nachsicht, sage ich mir, und meine damit sowohl meine plötzliche und nicht unbedingt aufrichtige Nähe zu Gott als auch die winzigen und argwöhnischen Schritte die rostige Leiter hinauf. Oben angekommen, stößt der junge Syrer direkt vor meiner Nase eine gusseiserne Tür auf, und ich werde kurz geblendet. Die Hände schützend über meine Augen haltend, gewöhne ich mich an die jählings auf meine Pupillen treffende Helligkeit. Als ich langsam beginne, wieder etwas zu sehen, wünsche ich für den Bruchteil einer Sekunde das grelle Weiß der Unwissenheit zurück.

An jedem anderen Tag hätte mich der Anblick der Zerstörung aus der Bahn geworfen, Zweifel in mir geweckt, Ängste beschworen. Syrien besteht, so weit das Auge reicht, aus zerbombten Gebäuden, zerbrochenen Fenstern, Geröll. Es gibt nur wenig Leben dort, auf der anderen Seite. Aber einige dunkle Figuren, die sich durch zerstörte Gassen schieben, kann man erkennen. Zwischen alleinstehenden Wänden tollen Kinder umher. Eine Handvoll Erwachsener streift um nackte Mauern. Eine Gestalt hockt in einem dachlosen Raum, der wohl mal ein Wohnzimmer war, krabbelt über den Boden und scheint Dinge aufzusammeln. Ein Kind jagt etwas, das von weitem unmöglich definitiv als Hund oder Katze auszumachen ist. Vielleicht sind diese dunklen Figuren Fremde. Aber vielleicht sind zwei von ihnen auch meine Söhne. Ich kann mir keine

Sorgen machen, kann den Anblick nicht an den einzigen Gedanken rühren lassen, der sich wie ein Karussell in meinem Kopf dreht: »Mein Junge lebt. Ich habe ihn gesehen, und er lebt.« Selbst wenn er sich in dieser Sekunde im Schotter aufhält, kann er bald raus. Im Schotter auszuharren ist immer noch besser, als unter der Erde zu liegen.

Wir schlafen, wie immer, im »Divan«. Mittlerweile vermittelt mir das Interieur eine wohlige, wenn auch ungewöhnliche und unbeabsichtigte Vertrautheit. Durch die langen und vielen Arbeitstage und die diversen Reisen kommt es mir fast so vor, als verbrächte ich mehr Zeit in den nach Rosen duftenden Laken, als in meinen eigenen zu Hause. In der Nacht werfe ich mich auf der Matratze hin und her, schalte immer wieder die Lampe auf dem Tischchen neben meinem Bett an und betrachte das schon gehörig abgegriffene Foto von Jonas. Ich habe überhaupt nicht nach Lukas gefragt. Etwas schäme ich mich dafür. Als sei mein einer Sohn wichtiger als der andere. Schnell schelte ich mich. Als würde das irgendjemand denken. Jeder weiß, dass meine Kinder mir teurer sind als mein eigenes Leben, und zwar alle beide. Wäre es ein Foto von Lukas gewesen, mein Verhalten, meine Gefühle wären ganz genau die gleichen gewesen. Und wenn Jonas lebt, dann muss es auch Lukas gutgehen. Sie würden sich nie voneinander trennen. Das sage ich mir immer und immer wieder, wie ein Mantra, bis ich in die Albträume gleite, die mich Nacht um Nacht begleiten, egal, wohin ich gehe.

Am nächsten Morgen treffen wir uns im Militärlager in Kilis mit unserem Kontakt beim türkischen Geheimdienst. Said hatte uns miteinander bekannt gemacht. Geheimdienste arbeiten offenbar auch über Grenzen hinweg enger zusammen, als ich vermutet hatte. Mir ist es recht. Ein weiteres Paar Augen ist sicher kein Grund zur Klage. Jeder eingebundene mächtige Partner gibt Hoffnung.

Ein junger Mann in Uniform holt uns am Eingang ab. Wir schlendern an Panzern und Autos in Tarnfarben vorbei. Überall stehen Uniformierte in Formation. Etwas abseits schießen welche auf mit Zielscheiben bedrucktes Papier. Ein paar Häuser gibt es, aber auch viele Zelte. Einige von ihnen sehen aus wie Gartenpartyzelte. Es riecht nach Staub, Schweiß und Essen.

Unser Aufpasser biegt nach rechts ab und steuert auf eines der wenigen Häuser zu. Ich wusste nicht, dass man militärisch klopfen kann, aber sein angespannter Arm und die schiere Kraft, mit der seine Faust auf das Holz einhämmert, können nicht anders bezeichnet werden. Die Tür wird von innen geöffnet und unser Soldat steht augenblicklich stramm.

»Er kündigt uns an«, wispert Mehmet, als der junge Kerl in einem überraschenden Bariton türkische Worte bellt. Dann dreht er sich auf dem Absatz seiner Stiefel um, nickt uns zu und verschwindet hinter einem nahe gelegenen Panzer. Wir treten ein. Der türkische Geheimagent unterscheidet sich rein optisch nicht nennenswert von Said. Auch er trägt einen akkuraten und unverschämt gutsitzenden Anzug, wie ich es schon vom jordanischen Geheimdienst gewohnt bin.

Wie überall begrüßt man uns mit einem herzlichen Händedruck und bietet uns Tee an. Ich glaube, wenn ich meine Söhne endlich zu Hause habe, kann ich nie wieder Tee trinken. Statt uns einen Stuhl anzubieten, stellt der Türke sich mit uns an einen hüfthohen, großen Tisch. Es ist über und über mit vollgeschriebenen Zetteln und Karten mit runden Tee- und Kaffeeflecken bedeckt.

»Er hofft, wir entschuldigen die Unordnung«, sagt Mehmet. Ich winke ab.

»Ich habe zwei Söhne. Für mich ist das hier fast ordentlicher als mein Küchentisch es jahrelang war. Man kann sogar ein wenig Holz sehen«, witzle ich. Wir lachen gemeinsam. Erst mit der Frage des Agenten legt sich die Ernsthaftigkeit unseres Besuches wieder über uns alle.

»Was kann ich für euch tun?« Lässig stützt er beide Hände auf den Rand des Tisches. Es ist sehr dunkel im Zimmer, obwohl draußen die Sonne auf den Sand brennt.

»Man hat meine Söhne gefunden«, berichte ich,

»aber wir bekommen sie wegen der Sperren nicht mehr ans Telefon.« Der Mann nickt. Er scheint ungefähr in meinem Alter zu sein, eventuell einen Tick jünger. Schneeweiße Strähnen ziehen sich durch das pechschwarze Haar. Der Dreitagebart ist fast komplett weiß.

»Ist es gefährlich drüben?«, lasse ich Mehmet fragen. »Gibt es dort momentan viele Kurden? Wütet der IS aktuell?«

Der Agent zieht eine buschige Augenbraue in die gerunzelte Stirn.

»Nein«, sagt er, »dort ist alles sicher. Sobald der Funkkontakt wieder aufgebaut werden kann, steht dem Grenzübergang nichts mehr im Weg.«

Ich strahle.

»Sag ihm, dass das wirklich hervorragende Nachrichten sind«, weise ich Mehmet an. Dann verabschieden wir uns und werden zurück zu unserem Auto außerhalb des Stützpunktes begleitet.

Zurück in Gaziantep versuche ich, etwas zu essen, bevor ich auf mein Zimmer gehe, und scheitere kläglich. Ich bekomme keinen Bissen runter. Mein Teller geht nahezu unangetastet zurück in die Küche.

»Hat es nicht geschmeckt?«, fragt die Kellnerin traurig.

»Ich bin einfach nicht hungrig«, erwidere ich entschuldigend, und sie fragt nicht weiter.

Eine Packung Studentenfutter aus der Minibar ist mein einziges Abendbrot. Dabei könnte ich ein wenig Kraft gut vertragen. Am nächsten Morgen soll eine deutsche Journalistin eintreffen und die Ankunft von Jonas und Lukas fürs deutsche Fernsehen filmen. Es geht mir nicht darum, meine Kinder vorzuführen oder berühmt zu werden. Vielmehr will ich so oft es geht, darauf aufmerksam machen, was der »Islamische Staat« deutschen Familien antut. Ärzten, Anwälten, Studenten. Es sind nicht bloß verzweifelte Arbeitslose oder quasi als radikal auf die Welt gekommene Islamisten, die in den Krieg gehen. Ich halte es für ungemein wichtig, diese Botschaft wann immer möglich in die Welt zu tragen.

In den frühen Morgenstunden, um sieben Uhr, steht die Journalistin vor unserem Hotel. Es schüttet wie aus Eimern.

»Sie sehen schlimm aus«, sagt sie, als ich ihr zur Begrüßung die Hand entgegenstrecke, und ein Lächeln huscht über ihr sommersprossiges Gesicht.

»Danke«, erwidere ich lachend und deute auf ihr regennasses Haar, »so richtig glücklich sehen Sie aber auch nicht aus.« Wir einigen uns darauf, dass wir als Allererstes frühstücken sollten.

Das Büfett ist tatsächlich schon eröffnet, und ich gebe mir Mühe, wenigstens ein wenig Obst runterzubekommen. Dankbar berichte ich von den Ereignissen der letzten Tage, um nicht allzu auffällig vor meinem leeren Teller zu sitzen. Dem geschulten Blick der Journalistin entgeht es trotzdem nicht.

»Sie essen ja gar nicht«, bemerkt sie beiläufig. Sie versucht zwar, unbesorgt zu klingen, immerhin muss die professionelle Distanz gewahrt werden. Aber im Grunde ist sie emotional genauso involviert wie alle Helfer vor Ort. Sie begleitet meine Bemühungen in Deutschland schon seit Wochen, wenn nicht sogar Monaten. Der gute Ausgang meiner Geschichte ist für sie nicht bloß ein gut verkäufliches Bild, sondern eine Herzensangelegenheit.

Gemeinsam schmieden wir Pläne für die kommenden Stunden, bis ich einen Anruf erhalte. Es gibt gute Neuigkeiten, heißt es. Wir sollen sofort kommen.

»Es geht los«, verkünde ich und stehe auf. Geistesgegenwärtig schultert der ebenfalls angereiste Kameramann sein Equipment und beginnt die Aufnahme.

Mehmet und ich informieren sofort den Taxifahrer, ein zweiter Wagen kommt, um die Journalistin und den Kameramann mitzunehmen. Unsere Minikarawane fährt zum Haus des Schreihalses. Dort angekommen, bleibt nicht viel Zeit für Höflichkeiten. Der junge Syrer drückt mir ein Telefon in die Hand. Es tutet eine Weile, bevor sich am anderen Ende eine Frauenstimme meldet. Ich kenne die Stimme nicht und bin enttäuscht, dass keiner meiner Söhne am anderen Ende zu sein scheint.

»Hallo?«, sagt sie und klingt erschrocken.

»Wer ist da?«, frage ich, obwohl ich es mir plötzlich denken kann.

»Bist du Viviane?«, füge ich nach kurzem Warten hinzu und fürchte, mein Herz könnte aus meiner Kehle springen und auf den Fliesenboden klatschen, wenn ich es nicht gewaltsam wieder an seinen Platz drücke.

»Wer bist du?«, fragt die Frauenstimme vorsichtig.

»Ich bin der Vater von Lukas und Jonas«, antworte ich. Die Sprechpausen kommen mir vor wie kleine Ewigkeiten, und ich fürchte schon, die Verbindung verloren zu haben, als sich das zaghafte Stimmchen wieder meldet.

»Was gesagt worden ist, ist die Wahrheit. Ich weiß nicht, wo die beiden jetzt sind.« Dann bricht die Verbindung ab. Meine Beine drohen nachzugeben, und das Telefon gleitet durch meine Finger. Ich suche Halt und finde keinen, bis mich plötzlich die Arme der Journalistin umgreifen. Sie sind doch tot, denke ich nur und kann es nicht aussprechen. Die Worte liegen schwer im Magen, und es kostet mich alle Kraft, sie für Mehmet und die Journalistin aus meinem Bauch zu bergen und über die Zunge zu rollen. Mühsam drücke ich sie, Silbe für Silbe, in meinen Mund und schließlich in die Lautlosigkeit.

»Sie sind nicht tot«, sagt die Journalistin, als wir wenig später auf den grünen Sofas sitzen, und schüttelt ihren blonden Wuschelkopf, »wenn sie tot wären, hätte Viviane das nicht so gesagt.«

Sie hat recht, gebe ich zu. Hätte man sie begraben, wüsste sie, wo die beiden sind. Der IS mag brutal sein, aber einer Witwe ließe man die Möglichkeit, ihren gefallenen Mann am Grab zu besuchen. Wenn auch allein aus dem Grund, weil es den Hass gegen den Westen schüren würde. Viviane meinte nicht die Todesanzeige, die man mir geschickt hatte, als sie sagte, ich wisse die Wahrheit. Sie meinte die Worte derer, die versuchten, meine Söhne, und mittlerweile auch sie, außer Landes zu bringen. Sie waren in Sicherheit. Und sie würden kommen.

In Vivianes Fall ist es, wie schon gesagt, so, dass nicht sie sich von der Familie lossagte, sondern umgekehrt. Und wenn mein Sohn sie geheiratet hat, sehe ich es nun als meine Pflicht, auch sie zurück nach Hause zu holen. Und selbst wenn sie eine vollkommen Fremde wäre, ist jedes Leben, das aus den Klauen des IS gerettet werden kann, ein Etappensieg. Für einen Menschen mehr bezahlen, ein Leben mehr retten, das erscheint mir als das einzig Richtige. Der Preis, den sie sonst dort bezahlen muss, ist mit dem Geld, das es mich kostet, nicht vergleichbar.

Die Journalistin diktiert mir Worte, ich schreibe sie, ohne sie wirklich wahrzunehmen.

»Wer auch immer von euch kommt, wird von mir mit offenen Armen empfangen«, tippe ich.

»So weiß sie, dass du auch sie rausholen wirst«, erklärt die Journalistin. Ein kluger Schachzug. Immerhin müsse ihr klar sein, dass ihre Familie sie aufgegeben hat. Und wer weiß, vielleicht denkt sie sogar, ich mache ihr Vorwürfe, auch wenn ich nicht wüsste, warum ich das tun sollte. Das Verschwinden meiner Söhne hat herzlich wenig mit ihr zu tun. Sie ist lediglich ein weiteres Teil in einem Puzzle, für das andere als sie die Verantwortung tragen.

Beim Abendessen im Hotel beraten wir, was die nächsten Schritte sein würden.

»Die Syrer sagen, es lohnt sich nicht hierzubleiben«, sagt Mehmet zwischen zwei Bissen. »Sie wissen nicht, wie lange sie noch brauchen. Und du kannst hier eh nichts tun.« Mir gefällt das nicht. Ich war im festen Glauben, nie wieder ohne meine Söhne abreisen zu müssen, hergekommen. An meinem Gesicht sind diese Gefühle offensichtlich abzulesen.

»Sei nicht zu traurig«, sagt Mehmet, und dieses Mal sind es seine eigenen Worte, nicht die übersetzte Botschaft eines Dritten. »So nah warst du noch nie dran. Die letzten Tage oder Wochen halten wir gemeinsam auch noch durch.« Er boxt mir aufbauend gegen den Oberarm. Ich muss einsehen, dass er recht hat.

Ich gehe auf mein Zimmer und packe. Meine Kleidung liegt verstreut überall auf dem Teppich herum. Achtlos stopfe ich sie zurück in meinen Koffer. Dieses

Mal ist unser Flug pünktlich. Mehmet schläft im Flieger neben mir. Die Anstrengung der letzten Monate hat ihm so manche Falte und einen Haufen feiner, weißer Haare beschert. Wir sind alle in Zeitraffer gealtert. Anspannung und Stress spulen unser Leben vor. Ich bin bereit, dieses Opfer zu bringen. Es ist nicht besonders groß. Immerhin sind es meine Kinder, meine Familie, mein Glück, die auf der Schippe stehen. Meine Gefährten haben keinen solchen persönlichen Bezug, doch stehen sie unerschütterlich an meiner Seite und bringen sich immer wieder in Gefahr, weil sie mir helfen wollen. Ich weiß nicht, ob ich ihnen je zurückzahlen kann, was sie für mich getan haben, noch tun und noch tun werden.

Die Antwort kommt Tage später. Nachdem wir alle zurück nach Deutschland geflogen und in unsere Wohnungen und Häuser zurückgekehrt sind, um zu warten. Auf ein Lebenszeichen, auf den erlösenden Anruf, der uns mitteilt, dass es nun wirklich so weit ist. Dass meine Kinder an der Grenze stehen und endlich zurück nach Hause können. Die Nachricht von Vivianes Handy kommt spät am Abend, und wieder ist es Mehmet, der sie mir überbringt. Es ist ein lächelnder Smiley. Ich glaube, lange kann es nicht mehr dauern. Ich glaube, bald haben wir es geschafft.

17. WARUM HABT IHR SIE ZIEHEN LASSEN?

Ich bin kein Politikwissenschaftler und erst recht kein Politiker. Aber mein Schicksal hat mich gezwungen, in diesem Feld so etwas wie ein Autodidakt zu werden. Die Politik und die Behörden sind eng verwoben mit dem, was meiner Familie und mir widerfuhr. Und ich finde nicht, dass sie sich mit Ruhm bekleckert haben.

Kurz nach dem Verschwinden meiner Söhne begann ich, eng mit der Polizei zusammenzuarbeiten. Wir wollen immerhin dasselbe, davon war ich überzeugt. Es kann nicht im Sinne einer deutschen Behörde sein, dass junge Landsleute sich aus dem Staub machen und in Syrien buchstäblich oder sprichwörtlich zu den Waffen greifen. Weit gefehlt, stellte ich später fest. Tatsächlich hatte man meine Kinder und ihre Verbündeten in Kassel lange bevor sie losfuhren beobachtet. Sebastian stand seit Jahren im Fadenkreuz der Polizei, alle Kontakte, die er in der muslimischen Welt hatte, seien sie von ihm dort eingeführt oder nicht, wurden deswegen ebenfalls bespitzelt. Wie sie rausgefunden hatten, dass Sebastian die Beobachtung wert sei, weiß ich nicht. Ich vermute, es gibt Mittel und Wege herauszufinden, wer gefährlich werden könnte. Ich stelle es mir vor wie ein riesiges Spinnennetz. Sobald eine Person Kontakt zu einem Gefährder oder Hassprediger hat, landet er auf dem Plan. Ich würde dieses Netz gern einmal sehen und herausfinden, wo ich stehe.

Der deutsche Geheimdienst konnte mit an Sicherheit grenzender Wahrscheinlichkeit vorhersagen, dass sie sich über kurz oder lang davonstehlen würden.

Sebastian, so stellte sich später heraus, wurde schon zwei Jahre vor seiner Flucht beobachtet. Man kann sich kaum vorstellen, dass so etwas im echten Leben passiert. Polizisten, die Leute beschatten. Ihre Telefonate aufnehmen und sorgsam anhören. Fotos sammeln und fein säuberlich in einem Ordner abheften. Das klingt alles nach Thriller, nach Sonntagskrimi in der ARD.

Aber noch viel unvorstellbarer ist für mich, dass sie zwar alle diese Dinge getan haben und sich dennoch nicht berufen fühlten, die Flucht zu verhindern. Ich besuchte Pascal, Sebastians Bruder, natürlich im Gefängnis, nachdem er an Deutschland ausgeliefert wurde. Und er und sein Anwalt wussten viele überaus interessante Dinge zu berichten.

Gefängnisse sind auf eine seltsame Art und Weise gruseliger und weniger gruselig, als man es sich als Außenstehender ausmalt. Die stimmungsmachenden Kamerafilter der Hollywoodfilme sind nicht da und lassen die Umgebung weniger bedrohlich erscheinen.

Dafür war es unvorstellbar trist. Am Empfangshäuschen musste ich mich ausweisen, mein Handy sollte ich draußen lassen. Eine freundliche Beamtin lächelte mich an, während sie mir das weitere Prozedere haarklein erklärte. Man werde mich, natürlich nur pro forma, abtasten, sagte sie schmunzelnd. Dann würde ich hineingehen und Platz nehmen. Ich dürfe Pascal weder umarmen noch die Hand geben. Ob ich Geschenke mithätte, fragte sie mich.

»Ich habe dem Jungen schon das Leben geschenkt«, sagte ich, und die Frau in Uniform lachte.

»Wie sein Vater sehen Sie gar nicht aus.«

»Na ja, sagen wir sein zweites Leben.«

Der Besuch könne nicht länger als eine Stunde dauern. Er fände in einem Besucherraum statt und werde von Justizbediensteten überwacht. »Die sehen und hören alles. Geheimnisse oder Privates gibt es nicht im Gefängnis«, so die Beamtin. Nach Ablauf der Zeit werde man mich auffordern zu gehen und mich hinausbegleiten, so wie man mich schon hineinbegleiten würde. Ich war einverstanden. Ich hatte ja auch gar keine Wahl.

Der Besucherraum war recht schmucklos. Graue Wände, graue Stühle, graue Tische. Sogar der Anzug von Pascals Anwalt war grau. Die einzige Farbe spendete der Snackautomat. Eine Uhr tickte. So konnte man jede Sekunde der knapp bemessenen Zeit hören. Clever.

»Willst du was?«, fragte ich Pascal und deutete auf den Automaten hinter ihm.

»Nein, danke«, sagte er und lächelte schüchtern. Wir alle verschränkten die Hände auf dem Tisch, so als seien wir unterbewusst besorgt, man könne uns jede andere Körperhaltung als Schmuggelversuch auslegen.

Ein paar Minuten tauschten wir Höflichkeiten aus. Pascal erkundigte sich nach meinem Befinden und wollte wissen, ob es Neues von Luke und Jo gab. Ich fragte ihn, wie es ihm ginge, und fühlte mich augenblicklich schlecht, weil das vermutlich eine blöde Frage war, wenn jemand im Knast saß.

»Besser als es mir jetzt in Syrien gehen würde«, sagte Pascal und verzog die Mundwinkel, als ihm klarwurde, dass das ein blöder Kommentar war, wenn jemandes Söhne in Syrien waren. Schweigend vergaben wir uns gegenseitig.

»Ich verstehe noch immer nicht, wie das alles passieren konnte«, gab ich mit hängenden Schultern zu. »Dass es so weit kommen konnte, ohne dass es jemand geahnt hat.«

»Nicht ganz niemand«, wendete Pascal ein. »Können wir's ihm sagen?«, fragte er, seinen Anwalt im Blick.

»Ja«, antwortete dieser knapp und drehte seinen Oberkörper dann mir, der ich neben ihm saß, zu. »In Pascals Akte haben wir ein paar interessante Dinge gefunden.«

»Aha?«, machte ich.

»Abgesehen davon, dass der Junge schon seit Monaten abgehört wurde, weil man Sebastian auf die Schliche gekommen war, gibt es einen ganz eindeutigen Beweis dafür, dass die Polizei genau wusste, was vor sich geht.«

»Ernsthaft?«, fragte ich verstört.

»Am 31. Oktober, mitten auf der Flucht, wurde ein Foto nahe der deutschen Grenze gemacht.«

»Und«, hakte ich nach, »was ist auf dem Foto zu sehen?«

»Jonas und Lukas beim Tanken – gut zu erkennen.«

»Was soll das beweisen?« Auch wenn sie tatsächlich nach Wien hätten fahren wollen, wäre irgendwann der Tank leer gewesen.

»Kommen Sie nachher mit in mein Büro«, schlug er vor, »dann erkläre ich es Ihnen.«

Das Büro war mir wesentlich lieber als der Besucherraum eines Knasts. Statt auf einem harten Plastikstuhl zu hocken, lümmelte ich mich in einen Polstersessel.

»Ich hole eben die Akte«, kündigte der Anwalt an und fragte, ob ich einen Kaffee wollte. Ich wollte. Wenige Minuten später stieß er, einen Aktenordner unter den Arm geklemmt und zwei Kaffeeuntertassen in den Händen balancierend, mit dem Lederschuh die Tür auf. Dankbar nahm ich meine Untertasse nebst Tasse entgegen. Eine kleine Pfütze hatte sich um den Tassenboden herum gesammelt.

»Oh, Entschuldigung«, sagte der Anwalt, der für solcherlei Aufgaben normalerweise offensichtlich Angestellte hat.

»Kein Problem«, entgegnete ich fröhlich.

»Dann wollen wir mal.« Zielsicher schlug der Anwalt die Akte sofort an der richtigen Stelle auf. Ich hatte ein verschwommenes Schwarzweißbild erwartet, wie man es aus dem Fernsehen kennt. Tausendfach bis zur Unkenntlichkeit vergrößert, aber einer der TV-Bullen ruft immer sofort: »Da haben wir sie!«

Auf diesem Bild konnte man tatsächlich etwas erkennen. Es sah aus, als sei es ganz aus der Nähe aufgenommen worden, und war in Farbe.

»Da«, sagte der Anwalt. Sein Zeigefinger schwebte einige Millimeter über dem Bild. »Da ist Jonas und hält den Tankhahn ans Auto.« Er bewegte den Finger ein paar Zentimeter nach rechts. »Dort sitzt Lukas hinterm Steuer. Direkt hinter ihm sitzt Viviane.«

»Schade«, sagte ich.

»Bitte?«

»Schade!«

»Ich verstehe nicht …«

»Viviane ist meine Schwiegertochter, und ich habe noch nie ihr Gesicht gesehen. Ich dachte, jetzt wäre die Chance, und nun ist ihr Gesicht hinter der Kopflehne versteckt.«

»Wenigstens haben Sie sich Ihren Humor bewahrt«, bemerkte der Anwalt irritiert.

204

»Ja«, erwiderte ich, »was bleibt einem auch anderes übrig?«

»Nun. Ja. Auf jeden Fall sehen wir hier Pascal, ebenfalls auf der Rückbank.« Ich nicke andächtig.

»Das ist alles sehr schön, aber was beweist das?«, zweifle ich. Der Anwalt grinste.

»Warum sollte die Polizei eine Handvoll junger Leute beim Tanken fotografieren, wenn die nichts im Schilde führen? Die Polizei hat weiß Gott Besseres zu tun, als unnötige Bilder von Halbstarken zu machen.« Dann fiel auch bei mir der Groschen. Nicht das Motiv, die Existenz des Fotos an sich deutete mindestens darauf hin, dass die Polizei eine Vermutung hatte.

Schon am nächsten Tag rief ich Jonas an. Aufgewühlt berichtete ich ihm von meiner Entdeckung.

»Das wissen wir, Papa«, sagte er. Es schien ihn zu verwundern, dass mir das alles nicht klar war. So als wäre es die natürlichste Sache der Welt.

»Woher?«, fragte ich. Pascal wird sie kaum aus dem Gefängnis angerufen haben.

»Die haben uns damals angerufen.«

»Was???«

»Die Polizei. Die haben uns angerufen.« Jonas klang fast gelangweilt.

»Die Polizei hat wen bitte wann angerufen?«, presste ich zwischen schmalen Lippen hervor.

»Uns alle. Jeden von uns. Nacheinander. Als wir alle im Auto waren.« Ich hätte in diesem Augenblick

Stein und Bein geschworen, dass ich einen Herzinfarkt hatte. Oder einen Hirnschlag. Oder ich hörte nun doch Stimmen und hatte endlich den Verstand verloren. All diese Dinge schienen mir wahrscheinlicher, als dass die deutsche Polizei sechs junge deutsche Menschen über die deutsche Grenze fahren lässt, um sich dort dem »Islamischen Staat«, der vermutlich größten Bedrohung unserer Zeit, anzuschließen.

»Und was haben sie gesagt?«

»Nicht viel. Nachdem wir schnell herausgefunden haben, dass es die Polizei ist, sind wir nicht mehr ran. Die haben halt gefragt, wohin wir wollen.«

In meinem Kopf versuchte ich, mir aus all dem einen Reim zu machen. Die Polizei war ganz offensichtlich körperlich anwesend, sonst hätten sie kein Foto machen können. Sie hatten auch alle Telefonnummern, alle Namen, das Kennzeichen des Wagens und, ab hier kann ich nur noch vermuten, diverse Informationen, die sie in monatelanger Kleinarbeit aus Telefonaten herausbelauscht und analysiert hatten. Aber außer anrufen und Fotos machen war ihnen wohl nichts Gescheites eingefallen? Das konnte einfach nicht wahr sein.

Ich denke nicht, dass die deutschen Behörden nichts gegen Überläufer tun wollen. Es ist immerhin ein erhebliches Risiko. Ich weiß es nicht, aber ich vermute, man benutzt gern Einheimische, um Anschläge in fremden Ländern zu planen und durchzuführen. Meine Söhne, und dafür lege ich meine Hand ins Feuer, würden sich an so etwas nicht beteiligen. Aber es wird Menschen geben, die dazu bereit sind. Kann die Polizei das sicher abschätzen? Was sprach dagegen, die Bande einfach an dieser Tankstelle mitzunehmen und zu vernehmen?

Auch ich wurde eine Zeitlang abgehört und werde es vermutlich noch immer. Der Gedanke bereitet mir keine schlaflosen Nächte. Meinetwegen soll ruhig jedes Wort mitgeschnitten, transkribiert und seziert werden. Ich habe nichts zu verbergen. Es darf ruhig jeder wissen, wenn ich über meine Kinder spreche. Dass ich sie nicht aufgebe. Dass ich sie suchen werde, bis ich sie finde. Verspürte ich das dringende Bedürfnis mich im Geheimen zu unterhalten, gäbe es sowieso andere Möglichkeiten. Es ist ein sinnloses Spielchen.

18. DAS IST KEIN ENDE

Und heute? Bin ich gescheitert? Sind meine Söhne tatsächlich tot? Bin ich ein alter Narr, der sich etwas vormacht, sich nicht mit dem abfinden kann, was ganz offensichtlich vor seiner Nase hängt?

Einige mögen davon überzeugt sein. Ich kann es ihnen nicht verdenken. Ich habe keine handfesten Beweise dafür, dass meine Kinder noch leben. Und ich habe wohl auch keinen triftigen Grund, es zu glauben. Aber ich muss es. Und ich werde nicht aufgeben, bis ich einen Beweis in Händen halte.

In den vergangenen Monaten hat sich das Weitermachen als mehr oder minder schwierig erwiesen. Nach meinem letzten gescheiterten Versuch, nach Syrien zu fahren, die Sache selbst in die Hand zu nehmen und vor Ort nach Jonas und Lukas zu suchen, bin ich nur gegen Wände gerannt.

Im Februar 2016 klingelt mein Telefon. Es soll der Todesstoß sein. Der letzte Nagel im Sarg.

»Gerhard«, sage ich. Ich weiß nicht, wer am Apparat ist und habe eigentlich überhaupt keine Zeit zu telefonieren. Auf der Baustelle wartet man bereits auf mich, und es widerstrebt meinem Naturell, zu spät zu kommen. Ungeduldig zupple ich am Reißverschluss meiner schwarzen Regenjacke.

»Joachim Gerhard?«

»Ja«, entgegne ich genervt.

»Schulze, Leiter von der Soko in Kassel. Ich würde gern mit Ihnen sprechen.« Von der Polizei habe ich seit Monaten nichts gehört. Unser enger Kontakt war nach der ersten Türkeireise schlagartig abgebrochen. Ich kann nicht mehr genau sagen, warum. Ich kann eigentlich kaum noch etwas genau sagen.

»Na dann sprechen Sie doch«, sage ich patzig.

»Vielleicht wäre es besser, wenn Sie zu uns kommen. Oder wir zu Ihnen«, schlägt Herr Schulze vor.

»Haben Sie auf dem Revier Sehnsucht nach mir?«, scherze ich. So richtig nach Scherzen ist mir nicht, aber es fällt mir zunehmend schwer, mich zusammen-zureißen und so zu verhalten, wie man es von einem Mitglied unserer Gesellschaft erwartet. Insbesondere jenen gegenüber, die meine Kinder sehenden Auges ziehen ließen.

»Herr Gerhard, wir würden wirklich gern mit Ihnen sprechen.« Natürlich frage ich mich, warum. Fieber-haft überlege ich, ob mir je gute Nachrichten von der Polizei überbracht wurden. Aber bis auf das Finden meines Autos fällt mir nichts ein. Finden. Ein Hoff-nungsschimmer. Es ist immerhin möglich, dass sie meine Kinder gefunden haben.

»Wann?«, frage ich.

»Dienstag.«

Heute ist Freitag. Vier Tage. Vier Tage halte ich durch.

Die Freisprechanlage meines Autos klingt blechern, so wie Freisprechanlagen es immer tun. Es ist in etwa so, als unterhalte man sich mittels eines Dosentelefons.

»ACHIM?«, schallt es durch den Wagen. Ich schreie zurück. Ulkig, dass man schreit, wenn die Verbindung schlecht ist. Es hilft ja doch nicht.

»JA! WIR MÜSSEN AM DIENSTAG ZUR SOKO!«

»ZUR SOKO?«, brüllt mein Anwalt.

»JA! ICH ERKLÄR DIR DAS ALLES NACHHER!« Ich lege auf, um meinen letzten Rest Nerven nicht im Dosentelefon zu verlieren.

»Guten Tag. Ich bin Joachim Gerhard. Ich sollte vorbeikommen«, plärre ich an der Rezeption heraus. Rezeption, denke ich, ein komisches Wort für eine Wache. Es heißt bestimmt ganz anders. Gedanken fliegen in meinem Kopf umher, als wäre die Schwerkraft ausgeknipst worden.

»Hallo, Herr Gerhard«, sagt die zierlich gebaute Polizistin und sieht mich mitleidig an. »Ich sage Bescheid.« Mitleid. Wieso Mitleid? Kann Mitleid auch eine gute Nachricht bedeuten? Tut es ihr einfach nur leid, dass ich in dieser unsäglichen Situation bin? Kann ja sein. Ich rede mir selbst Mut ein. Aber wenn ich es nicht tue, das fühle ich, werde ich auf der Stelle ohnmächtig.

Ein Bär öffnet die Tür zum Inneren der Polizeistation. Natürlich ist es kein echter Bär, sondern ein Mann, der einem Bären so ähnlich sieht, wie man einem Bären nun einmal ähnlich sehen kann.

»Hallo, Herr Gerhard«, sagt nun auch er. Sein Blick verrät überhaupt nichts. Kein Mitleid, keine Freude, kein Beileid. Überaschenderweise empfinde ich Erleichterung. Ich gehe auf den Bären zu und gebe ihm die Hand.

»Schulze«, sagt er und drückt so fest zu, dass meine Fingerknöchel aufeinanderknallen. »Kommen Sie doch rein, dann setzen wir uns und können in Ruhe reden.«

Ich bin enttäuscht. Sie sind nicht hier. Ein winzig kleiner Teil von mir hatte gehofft, dass meine Kinder hier sein würden. Hängenden Kopfes folge ich Soko-Leiter Schulze in ein Büro und setze mich auf einen gepolsterten Stuhl. Mein Anwalt platziert sich neben mich.

»Herr Gerhard«, beginnt Schulze und ächzt beim Hinsetzen. Sogar im Sitzen ist er noch riesig. Eindringlich studiert er seine eigenen Fußspitzen, während er fortfährt. »Wir wollen mit Ihnen über Ihre geplante Reise nach Syrien sprechen.«

»Ach ja?«, platzt es aus mir heraus. Die Heftigkeit meiner Reaktion trifft mich unerwartet. Schulze scheint darauf gefasst zu sein.

»Ich muss Ihnen sicherlich nicht sagen, wie gefährlich eine solche Reise ist.«

»Sicherlich.«

Es ist nicht, als hätten wir es nie probiert. Im Herbst, als ich überstürzt in die Türkei flog, weil es hieß, meine Kinder seien schon fast aus Syrien raus, haben wir versucht, über die Grenze zu gehen. Die Journalistin war damals bei mir. Gemeinsam standen wir am Übergang, vor uns eine Gruppe türkischer Polizisten. Wir können nicht nach Syrien, hieß es, es sei zu gefährlich. Die Grenzpolizisten waren freundlich, die Journalistin wütend. Es sei doch unser Bier, ob wir uns der Gefahr aussetzen wollten, argumentierte sie. Wir bräuchten ein Visum vom Bürgermeister, konterten die Polizisten.

Wir fuhren ohne Umschweife zum Rathaus. Es sah nicht unbedingt so aus, wie man sich als Westeuropäer ein Rathaus vorstellt. Wir trafen den Bürgermeister in seinem Kastenbüro in dem Kastenrathaus, und er weigerte sich, uns ein Visum zu geben. Die Situation an der Grenze sei zu heikel. Wir zogen unverrichteter Dinge von dannen.

»Sie machen sich mit der Einreise per se nicht strafbar«, fährt Schulze fort.

»Das will ich auch meinen«, mischt sich mein Anwalt spitz ein. Ich bin unendlich dankbar für seine Hilfe. All die Gespräche, die vielen gemeinsamen Stunden am Telefon, in seiner Kanzlei und in Restaurants. Ohne einen Anwalt wäre ich vermutlich schon verrückt geworden. Schulze tippt mit der Kappe seines Füllers auf das Holz des Schreibtisches, wieder und wieder, so wie ein Vogel mit den Flügeln schlägt. Er macht mich nervös. Und wütend. Und wütend, weil er mich nervös macht.

»Sie könnten trotzdem eine Strafe bekommen. Eine Geldstrafe oder sogar Freiheitsentzug.« Zwischen Schulzes Augen spaltet eine tiefe Falte die Haut. »Ich will Sie nur warnen. Fahren Sie einfach nicht. Es bringt doch auch nichts, nur Sie und die Mitreisenden in Gefahr.« Mir ist bewusst, dass eine Reise nach Syrien kein Trip an die Riviera ist. Es scheint mir redundant, darüber überhaupt zu sprechen. Meine Gedanken wandern fort, über die Rücken der fein säuberlich sortierten Leitz-Ordner im Regal, die verwaschenen Vorhänge, und prallen gegen das geschlossene Fenster und die düsteren Wolken, die es rahmt. Ich höre irgendwelche Zahlen, wie viele Jahre Haft, wie viel Geld. Ich höre, dass mein Anwalt nun regelrecht außer sich ist vor Zorn. Meine Gedanken krabbeln vom Fenstersims über den Teppich zurück in meinen Kopf.

»Ich werde nie aufhören, meine Kinder zu suchen«, sage ich und unterbreche damit das aufgewühlte Gespräch der beiden anderen Männer. Schulze sieht mir in die Augen.

»Ich habe noch eine Anweisung von ganz oben.«

»Was denn noch?«, fragt mein Anwalt. »Haben Sie noch weitere unhaltbare Drohungen in petto?«

»Der Verfassungs- und Staatsschutz hat Hinweise, dass beide Ihrer Söhne bei Kobane ums Leben gekommen sind.«

Man sagt, dass das Leben an einem vorbeizieht, bevor man stirbt. Niemand berichtet davon, wie das Leben anderer an einem vorbeizieht, wenn man von ihrem Tod erfährt. Die Nachricht trifft mich härter, wesentlich härter, als die ominöse WhatsApp-Nachricht, die mich fast genau ein Jahr zuvor erreichte.

»Was für Hinweise?«, frage ich tränenerstickt. Schulze weiß offenbar nicht, wie er darauf antworten soll.

»Na ja. Hinweise eben.«

»Hinweise eben?«

»Nun.« Schulze scheint mit einer anderen Reaktion gerechnet zu haben.

Meine Trauer verfliegt so schlagartig, wie sie gekommen war.

»Sie wissen also nichts.«

»Ich weiß, dass ihre Akte geschlossen ist. Seit Monaten gibt es kein Lebenszeichen. Also gehen wir davon aus, dass die Information, Ihre Söhne seien bei Kobane gefallen, glaubwürdig ist.« Schulze verschränkt die Arme vor der Brust. Unwillkürlich lehne ich mich vor, bis ich fast an den Rand des Schreibtisches stoße.

»Ich habe schon einmal eine Todesnachricht bekommen«, raune ich, »und die Wiederauferstehung erlebt. Das ertrage ich kein zweites Mal. Rufen Sie mich an, wenn Sie ihre Leichen haben. Solange leben meine Kinder für mich.«

»Sie können gern bei der Staatsanwaltschaft nachfragen«, sagt Schulze schnippisch.

»Das werden wir auch«, erwidert mein Anwalt und steht auf. »Achim. Ich denke, es ist Zeit zu gehen.«

Es gibt Beweise. Beweise dafür, dass meine Jungs nicht tot sind. Natürlich stehen sie auf tönernen Füßen. Aber sie sind allemal belegbarer als WhatsApp-Todesanzeigen und ominöse, nicht weiter benennbare Hinweise des Verfassungsschutzes. Vier Beweise sind es, an denen ich mich festhalte.

Der Erste ist die Annahme, dass meine Söhne in einer Sicherheitszone sind. Selbstverständlich ist es möglich, dass sich Geheimdienste irren. Aber ist es wahrscheinlicher als die Option, dass deutsche Behörden ein Interesse daran haben, meine Kinder für tot zu erklären?

Geht man einen Moment davon aus, dass meine Kinder nicht tot sind, drängt sich natürlich die Frage auf, warum man einen liebenden Vater daran hindern will, sie zu finden. Ich habe dafür eine zwar simple, aber einleuchtende Überlegung.

Sollten meine Söhne leben, sind sie, trotz allem, deutsche Staatsbürger. Was auch sonst? Sie können keine Bürger des »Islamischen Staates« sein, weil es sich um keinen anerkannten Staat handelt. Es wäre also nach Paragraph 7 des Konsulargesetzes Aufgabe Deutschlands, meinen Kindern zu helfen, sofern sie es wollen. Davon, dass ihnen Hilfe ganz recht wäre, kann man wohl ausgehen.

Es liefe wohl darauf hinaus, dass die deutschen Gefangenen zurück in die Heimat geholt und hier inhaftiert werden. Genauso hat man es immerhin mit Pascal gemacht. Geholt habe ich ihn, inhaftiert wurde er vom Staat. Aber war es allen genehm, dass Pascal wieder da ist? Der Druck der Bevölkerung auf die Politik ist enorm. Man will keine Rückkehrer. Viel zu groß ist die Gefahr, dass auch Schläfer unter ihnen sind. Menschen, die auf diesem Wege heimkehren und einen Anschlag auf deutschem Boden planen können. Dass meine Kinder keine Schläfer wären, könnte ich der Politik, den Behörden und jenen Mitbürgern, die davon nun einmal ausgehen, tausendfach vorbeten. Wer würde mir schon glauben?

Es ist also denkbar einfach zu erklären, warum es leichter ist zu behaupten, Jonas und Lukas seien tot. Wartet man lange genug, stimmt es eines Tages wohl auch.

Ein zweiter Grund dafür, dass ich mein eigenes Fleisch und Blut nicht aufgebe, ist der Stempel, den ich in der Türkei gesehen habe. Mir fällt trotz langem darüber Nachdenken kein Grund ein, warum jemand ein Dokument und einen IS-Stempel fälschen sollte, in dem steht, dass meine Kinder seit März 2015 in Gefangenschaft sind.

Dann gibt es noch Viviane. Lukas' Frau sprach im Laufe der Monate mehr mit mir. Nach dem schicksalhaften Smiley auf meiner Herbstreise in die Türkei bekam ich weitere Nachrichten. Sie wisse nicht, wo meine Söhne sind. Der Verdacht liegt nahe, dass sie irgendwo festgehalten werden. Ob man ihr Bescheid geben würde, wenn meine Söhne tot wären, fragte ich sie. Sie bejahte.

Der vierte und gewichtigste Grund für meine Hartnäckigkeit ist die Antwort der Staatsanwaltschaft. »Fragen Sie die Staatsanwaltschaft selbst«, hatte Schulze uns geraten. Und genau das habe ich mit Hilfe meines Anwalts getan. Ein Brief war die Antwort. Man wisse nicht, ob meine Kinder tot seien oder wo sie sich aufhielten, sofern sie noch leben würden, erklärte sie darin. Die Akte sei nicht geschlossen. Es verhält sich demnach genau wie mit Schrödingers Katze, dem berühmten Gedankenexperiment, bei dem die Katze im Karton gleichzeitig lebendig und tot ist, bis man den Karton öffnet, um sich zu versichern, ob ihr Herz noch schlägt. Meine Kinder sind weder lebendig noch sind sie tot.

Fast eineinhalb Jahre sind vergangen, seit meine Söhne verschwanden. Ich habe wenige Menschen verloren und viele getroffen. Neben Kontakten zu Geheimdiensten, Schleusern und einem Königspaar lernte ich auch Mitarbeiter beim Auswärtigen Amt kennen. Und einer dieser Mitarbeiter bekam Wind davon, was man mir in Kassel hatte ausrichten lassen.

Es ist schon dunkel, als mein Telefon klingelt. Mein Smartphone liegt schlummernd neben dem Glas Rotwein auf dem Couchtisch. Das kleine, alte Handy hingegen vibriert laut über die unebene Holzfläche, kriecht auf mich zu. Die Nummer des Anrufers ist unterdrückt. »Anonym« steht auf dem giftgrünen, winzigen Display. Fast alle Anrufe an diese Nummer sind anonym. Und alle sind wichtig.

»Ja?« Meine Stimme ist belegt. Der Fernseher wirft bläuliches Licht in den Raum, mal heller, mal dunkler. Von draußen sieht es wahrscheinlich aus, als wüte im Haus ein Gewitter.

»Achim?« Ich erkenne die Stimme. Ein neuer, aber guter Bekannter vom Auswärtigen Amt. Ich strecke meinen Arm nach dem Weinglas aus und nehme einen beherzten Schluck.

»Ja.«

»Ich hab gehört, dass du bei der Soko warst.«

»Ja«, sage ich wieder und trinke einen weiteren großen Schluck. Das Glas tanzt in meiner Hand. Die Leitung knistert etwas, aber sie ist sicher.

»Und dass sie dir gesagt haben, Lukas und Jonas sind tot.«

»Haben sie«, bekräftige ich, »aber die Staatsanwalt-schaft hat mir jetzt schriftlich gegeben, dass die Akte offen ist, weil sie eigentlich nichts wissen.« Das Glas ist leer. Ich schlurfe durch die Tür rechts neben dem Fernseher in die Küche und schenke mir nach.

»Das stimmt so nicht ganz.« Ich stehe, gegen das Sofa gelehnt, mit dem Rücken zum flackernden Bild-schirm und betrachte, wie das Licht durch die Glastür auf das Wasser meines Swimmingpools trifft.

»Was weißt du?«, frage ich mehr in mein Glas als den Hörer.

»Ich kann nicht garantieren, dass deine Kinder dort sind. Aber es gibt ein Lager, sechzig Kilometer lang. Ein Gefangenenlager der Kurden. Und wir wissen ein-hundertprozentig, dass in dem Lager Deutsche sind.« Ich schweige. Eine Träne rinnt meine Wange hinunter, über graue Bartstoppeln hinweg, und fällt in den Wein.

»Hast du mich gehört, Achim?«

»Ja«, sage ich, »ja, ich habe dich gehört.«

»Gut.« Für eine Handvoll Sekunden schweigen wir beide.

»Mach's gut, Achim«, sagt er dann, »und gib nicht auf.«

»Danke«, sage ich und trinke den Wein und meine Träne, »danke.«

Vermutlich können nur Eltern, deren Kinder einst als vermisst galten oder es heute noch sind, verstehen, wie ich mich fühle. Die ständige Ohnmacht, die Tröpfcheninfusion der Hoffnung. Jeder Hinweis, jeder Informationsschnipsel wird beachtet, gedreht, gewendet und im Kopf bewegt, bis er fast zerrieben ist. Es ist nicht möglich, man kann sich von seinen eigenen Kindern nicht verabschieden, sein Leben nicht ohne sie weiterleben, solange es keine Gewissheit gibt.

Ob ich wirklich daran glaube, dass sie nicht tot sind? Ob ich sie jemals wiedersehe? Ob ich meine Kinder noch lieben kann, nach all dem, was passiert ist? Ob ich ihnen je verzeihen kann? Ob ich wünschte, ich hätte etwas anders gemacht – und wenn ja: was? Das sind die Fragen, die man mir stellt, und schlimmer noch, es sind die Fragen, die ich mir im Dunkeln, allein, selbst stelle.

Wenn ich die Zeit zurückdrehen könnte, ich würde es sofort tun. Selbstverständlich. Mindestens an den Tag ihrer Flucht. Würde ihnen die Autoschlüssel abnehmen und sie notfalls einsperren. Würde das die Zukunft, meine Gegenwart, verändern? Vielleicht würden sie doch fahren. Und dann? Die Polizei rufen? Verlangen, dass die Kinder verhaftet werden? Lieber verhaftet als tot.

Aber noch viel besser wäre es, wenn ich noch weiter zurückkönnte. Wann sie radikalisiert wurden, weiß ich nicht. Es ist ja auch nicht so, als gäbe es einen Stichtag, an dem meine Kinder von jetzt auf gleich Islamisten wurden. Nein, so einfach ist das nicht. Wären sie in Berlin geblieben, hätten sie Sebastian nicht in Kassel getroffen, wie groß ist die Wahrscheinlichkeit, dass sie trotzdem in der Moschee gelandet wären? Könnte die Ursache noch weiter zurückliegen? Ich hatte doch immer ein offenes Ohr. Wir haben doch über alles gesprochen. Was kann ein Vater mehr tun?

Es ist müßig, sich darüber Gedanken zu machen. Geändert werden kann es ja doch nicht mehr. Darüber, ob ich sie liebe, meinen Jonas und meinen Lukas, muss ich hingegen keine Sekunde nachdenken. Ihre Gesichter strahlen mich von überallher an. Im Wohnzimmer, im Schlafzimmer, im Büro, auf meinem Handy. Fotos, klitzekleine Momentaufnahmen. Der Schmerz, den ich dieser Tage empfinde, wenn ich die Bilder sehe, wird immer auch von Liebe begleitet. Tiefer, bedingungsloser Liebe. Als Eltern hat man die seltene Fähigkeit, zu missbilligen, ja sogar zu verachten, was ein Mensch tut, und ihn trotzdem aus vollstem Herzen zu lieben.

Deswegen verzeihe ich ihnen. Ich verzeihe ihnen alles. An dem Tag, an dem ich sie wieder in meine Arme schließe, werde ich ihnen die längste Standpauke ihres Lebens halten, werde ihnen heulend und schreiend klarmachen, welches Nervenbündel sie aus ihrem Vater gemacht haben. Werde ihnen jedes neue graue Haar einzeln vorführen und jede schlaflose Nacht unter die Nase reiben. Aber im selben Atemzug werde ich ihnen vergeben.

Dieser Tag wird kommen. Ich weiß es genau.

DANKSAGUNG

Das Verschwinden meiner Söhne ist das Furchtbarste, das mir je widerfahren ist. Ich habe nichts Positives dazu zu sagen. Einziger Lichtblick in einer noch heute andauernden schlimmen Zeit sind die Menschen, die mich begleiten.

Im Volksmund heißt es, dass man wahre Freunde daran erkennt, dass sie an schlechten Tagen zu einem halten. Ich würde sogar sagen, dass man in solchen Situationen Freunde findet, mit denen man nicht gerechnet hat.

Trotz aller Hürden gab und gibt es auf offizieller Ebene in Deutschland und im Ausland Menschen, denen ich sehr viel verdanke. Besonders meine Hoffnung. Sie haben, ohne dass es sie selber betrifft, viele Stunden ihres Lebens investiert, um mich zu unterstützen. Dafür haben sie nie eine Gegenleistung erwartet.

So viele persönliche Freunde helfen mir tagtäglich, das alles zu überleben. Sie bieten mir offene Ohren, freie Schultern und aufmunternde Worte. Und das seit über einem Jahr.

Ich werde euch allen nie genug danken können. Egal, ob ihr mich jeden Tag begleitet oder episodenweise helft. Ihr seid unbeschreiblich wichtig. Ihr gebt mir

Kraft. Ihr gebt mir Zuversicht. In meinen dunkelsten Stunden wart ihr die einzigen Lichtblicke. Ihr nehmt mich in der Türkei bei euch auf, ihr kümmert euch daheim um mich, wenn ich in der Verzweiflung zu versinken drohe. Ihr geht mit mir auf Reisen und ihr fangt mich auf, wenn ich ohne meine Kinder heimkehre. Ihr sitzt in Büros, an der syrischen Grenze und in meinem Wohnzimmer. Ihr glaubt an mich und viel wichtiger: an meine Söhne. Und ihr habt mich nie verurteilt, und deshalb kann ich heute Müttern und Vätern, die sich in ähnlich verzweifelter Situation befinden, Mut machen, sich nicht länger zu verstecken und keine Scheu zu haben, über ihr Schicksal zu sprechen.

Dafür danke ich euch von ganzem Herzen.